「問う力」が最強の思考ツールである

井澤友郭 著
吉岡太郎 監修

フォレスト出版

はじめに――正解の見えにくい時代を生き抜くための「問う力」

なぜ、多くの人は〝正解〟を求めてしまうのでしょうか？
変化のスピードが速く、画一的ではない多様な価値観が認められる現代社会、本やインターネットをどれだけ調べてみても、問いの設定が間違っていれば、正解に出合うことは難しいでしょう。そもそも、昨日の正解が今日も正解である保証はありませんし、〝皆がしていること〟に合わせても安心はできません。それにもかかわらず、自分が求めていることを誰かが見せてくれたり話してくれたりすると、正解だと信じてしまうというのも、よくあることです。

ほとんどの場合、人間たちは、自分が望んでいることを喜んで信じる。
（ユリウス・カエサル『ガリア戦記』）

これは２０００年前の言葉ですが、現代でも通じます。

しかし、そもそも正解とは、その人の立場や情況、タイミングによって変わるものです。この文章を書いている今、まさに世界中の国々が、感染症対策の正解を求めて、さまざまな政策を選択しています。昨日、正解と言われた国の戦略が「今日、実はまったく機能していなかった」という事実も目の当たりにしています。

これからの時代を生き抜くために必要なのは、時代や地域によって揺らぎつづける〝さまざまな答え〟を、自分の視点で見出し、比較検証し、常にアップデートしつづけるための1人ひとりの問いをつくり出せる力ではないでしょうか。

しっかり狙いを定めた問いをつくることができれば、たった1つの普遍的な答えが存在していなくても、〝その人にとっての答え〟を手に入れることができます。このように「問う力」は正解の見えにくい時代を生き抜くための、最強の思考ツールとしての可能性を秘めているのです。

私は、15年以上にわたってワークショップをデザインしつづけ、さまざまな問いを生み出してきました。「この場で使われた問いには実はどんな機能があったのか？」「対話や学びが深まる問いにはどんな要素が必要なのか？」など、試行錯誤と振り返りを繰り返し、問いの精度を高めてきました。また、近年はさまざまな立場の問う力を求める皆さんに向けて、問いづくりの講座も開催しています。

この本は、これまでの問う力と問いづくりに向き合ってきた日々の集大成です。

ところが、問いづくりの講座で問う力を高めようとすればするほど、私がどのように問いを生み出しているのかの自己分析や、つくり出された問いのもっともらしい分類だけでは、本当に問いづくりを求める、多くの人の役には立たないということが、明確になってきました。

一方、本としてのキャッチーさだけを望むなら、「よりよい人生のための魔法の問いかけの言葉」や「これだけ覚えれば大丈夫な○個の法則」があればよいかもしれません。加えてよい問いや、美しい問い、あるいは深い問いを、事例として紹介すれば十分でしょう。

しかし、誰もが自分にとって有用な問いや、人や組織にとって機能する問いを生み出せるようにするためには、それでは足りないのです。

この本は問う力の解説書でもなければ、学術的な専門書でもありません。また、課題解決やコーチング、ワークショップなど、シーン別の問いのサンプル集でもありません。問う力を真に高めようとする方向けの、基礎トレーニングの具体的なノウハウがつまった、実践的で泥くさい書籍を目指しています。

本書を読み、トレーニングで身につけた問う力を、あなたが「この情況では、こっちのステップで問いづくりをしていこう」「ここでは、こんなふうに問いを組み立てていけばいいんだな」など、日々の仕事や生活の中で活用していただけたなら、著者としてこれほど幸せなことはありません。

ぜひ、1つでも多くのあなたの問いを、この本をきっかけに生み出してください。

目次
contents

第2章 2人称の問い――相手の思考を引き出す

第3章

3人称の問い――複数人の思考をまとめる

第4章 ワークショップにおける問いの実践

執筆協力　吉野明日香
ブックデザイン　bookwall
本文図版&DTP　津久井直美
プロデュース&編集　貝瀬裕一（MXエンジニアリング）

序　章

「問う力」が
最強の
思考ツールである

3種類の「問う力」

あなたは、「問う力」と聞いて、何をイメージしますか？　また、そのときに使う問いとはどのようなものでしょうか？

「自分に問う力」をイメージする方もいるでしょう。何か困ったことがあったとき、「どうしよう、どうしよう」という問いだけがグルグル回って、なかなか解決に向かわないことがあります。

こんなとき「そもそも、私が願っている目標はなんだろうか？」と問うだけでも、思考が一気に前に進む可能性があります。このような場面では、自分の思考を整理し、行動に向かわせるのが、問う力のイメージとなります。

またある人は、会話で「相手に問う力」をイメージするかもしれません。最近は、ビジネスでの商談でも、子育て中の会話でも、男女の出会いの場面でも、問うことで相手の話を引き出し、望ましい結果に導くことがよいとする本も多くあります。

とはいえ、いきなり「何があなたの望みですか？」とか「なんで忘れ物したの？」

とか「どんなタイプが好きですか？」という問いを投げかけても、うまくいきそうもありませんね。このような場面では、会話の流れの中で、適切なタイミングで適切な問いを投げかけられるのが、問う力のイメージとなります。

リーダーや先生という役割を担っている人は、会議や授業などの場で、「複数の相手に問う力」をイメージされるかもしれません。

このような状況では「何か質問はありますか？」という問いが、よく使われます。しかし、この問いはたいていの場合、沈黙を生むだけに終わるということを、私たちは知っています。

一方、問いかけることで1人ひとりのやる気を引き出し、思考をあと押しし、さらには対話によってチームやクラスとしての成果を導けるリーダーや先生もいます。このような場面では、思考だけでなく効果的な対話までをうながすことができるのが、問う力のイメージとなるでしょう。

このように、問う力が期待される場面というのは、人それぞれです。そこで、本書では、問う力を「誰に問うのか」によって分類しました。そして、それぞれで活用する問いを「1人称の問い」「2人称の問い」「3人称の問い」と呼ぶことにします。

1人称は私、つまり**自分自身への問い**、2人称はあなた、つまり**1人の相手への問い**、3人称は皆さん、つまり**複数の相手への問い**という意味で使っていきます。

本書では問う力をわかりやすくするための分類として、この呼び方を使っていきます。

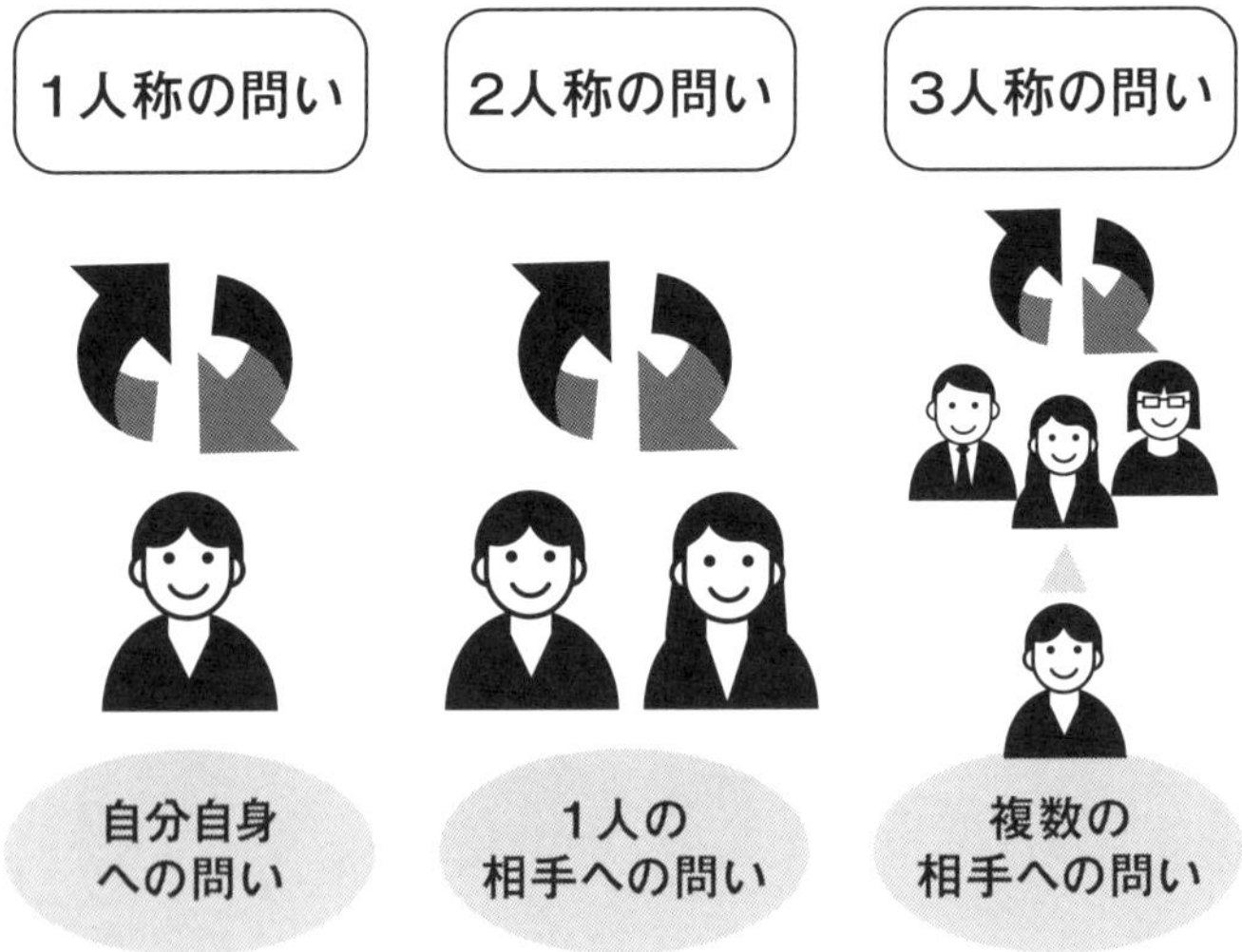

問う力の2つの要素

それでは、このような思考ツールとしての問う力を、どのように身につけていったらよいのでしょうか?

仕事やプライベートで、相手から「○○を聞き出したい」と思うことがあるとします。本書の分類に沿っていえば、2人称の問いです。

たとえば、それが相手の週末のすごし方についてだったとしたら、「週末はどのようにおすごしですか?」というのが、知りたいことを直接的に聞く問いになります。ところが、まだ相手とは初対面に近い関係であったなら、ちょっと迷惑そうに「……いや別に」などと言われ、答えてもらえないかもしれません。このような場合は、もう少し問いを重ねて、段階的に会話を進めていく必要があるでしょう。

つまり、問う力には**問いを組み立てる**という要素が必要だということです。このような問いの組み立てを次の3ステップで考えましょう。

1　天候の話題など、答えやすい問いから始める
2　自分の知りたいことに、話題を近づける問いを挟む
3　自分の知りたいことを、直接的に聞く問いを投げかける

まず、天気などの事実に関することで、答えやすい問いから始めるには、どのような言葉の選び方がよいでしょうか？　「最近、ずいぶん夏らしくなってきたと思いませんか？」と始めるのと「最近、夏らしい天気が続きますが、夏はお好きですか？」と始めるのとでは、答えやすさや、相手との距離感が変わってきます。

２人称の問いを活用して、問う力を発揮している人というのは、言葉をうまく選びながら、自分の知りたい情報を上手に相手から得ているものです。

つまり、問う力には、**言葉をうまく選んで個々の問いをつくる**という要素も必要であるということです。

私はこれまで問いづくりの講座で、実にさまざまな立場の方々と問いについて探求してきました。そこでの発見は、問いを組み立てることについては、すでにたくさんの知見があるものの、多くの人がつまずくのは、その組み立てにふさわしい個々の問いをつくることだという事実でした。

多くの問いに関する本が出ていますが、そこで提供されるのは、目的に合わせた問いの組み立てに関するものがほとんどです。そして、それらに登場する問いの分類についても、さまざまな研究があります。しかし、実際に自分が必要な場面で問うときの、個々の問いをつくるためにはどうしたらよいのか、という情報にはなかなか出合えません。

そこで本書では、これまでの多くの良書と同様、問いを組み立てるための情報はもちろんのこと、個々の問いをつくるための情報をあわせて提供することにしました。その2つがそろわないと、思考ツールとしての「問う力」の真価が発揮できないからです。

私が開催してきた問いづくりの講座では、さまざまな問いをつくる演習を通じて、確実に問う力を高めていただいていますが、本書でも練習を用意して、そのノウハウを可能な限りオープンに提供しようと思っています。単に読むだけでなく、実際に問いをつくり、書き出しながら、問う力を高めていただければ幸いです。

問う力を高めるための構成

本書では問う力について、その問う相手によって1人称／2人称／3人称の問いの、3つに分類しました。序章のあとは、第1章の1人称の問いから順に、第2章の2人称の問い、第3章の3人称の問いへと進めていきます。

1人称の問いは、最も基本となる5W1Hからスタートします。これはスポーツでいえば、筋トレや個別の練習も兼ねています。2人称の問いでは、相手を立てての練習、バスケットボールなどでは1対1のペアの練習を想像してもらえるとよいかもしれません。3人称の問いは試合形式で練習をするという感じでしょうか。

このような構成にしたのは、個々の問いをつくる筋力が足りなければ、いくら問いの組み立てに関するノウハウがあっても、問う力が発揮できないからです。

ですから、2人称の問う力を手に入れたいセールスパーソンや、部下との会話に悩む上司、カウンセラーやコーチ、子育て中の方々、3人称の問う力を求めるリーダーや先生の方々も、ぜひ第1章から読み進め、問う力を身につけていただきたいのです。

また、1人称の問いづくりで、問いがどんな思考を引き出すのかを練習することで、2人称の問いづくりで「この問いでは、相手はどのような思考をするのか?」ということが予測しやすくなります。そして、2人称の問いづくりの、相手の反応や答えの領域を予測する練習によって、3人称の問いづくりで、「この問いは、狙った思考をもとに、対話をうながせているだろうか?」とチェックできるようになります。

ニューヨークで「カーネギーホールへの近道はありませんか?」と聞いたら、「そんなのはないさ、練習あるのみ」と返事が返ってきた、という笑い話があります。問う力も同じです。練習で基礎が身についてきたピアニストが、それまで難しかった楽譜を弾きこなせるようになるのと同様、練習でつちかった問う力があれば、どんな問いの組み立ても使いこなせるようになるでしょう。

多くの方がつまずいているのは、問いの組み立てよりも、個々の問いをつくることです。本書の第1章から第3章までの構成は、あなたの問う力を高める着実な最短経路です。さらに第4章では、より複雑な情況での問いの組み立てと、問いづくりの応用編として、ワークショップで発揮される「問いの力」をご紹介します。問いが、どのような思考や対話から生み出されるのかのご参考になさってください。

効果的な個々の問いをつくるために

問いづくりの講座にいらっしゃる多くの皆さんに言われるのが「よい問いをつくれるようになりたい」というリクエストです。

よい問いとはなんでしょうか？

よい問いをもう少し具体的に、別の表現をされる場合もあります。「隠された前提条件を揺さぶる問い」「深い対話を導く問い」「価値観まで届く問い」「内省をうながす問い」といったものです。どうやらこの命題には「そもそもよい問いというものが存在する」という前提があるのではないでしょうか。

たとえば、あるワークショップで出た問いが、参加者にとってわかりにくく、その場ではまったく思考や対話が深まらなかったとします。ところが、この問いを持ち帰った1人が、2年間それを探究しつづけ、これまでの限界を突破できる技術的ブレークスルーをもたらしたとしたらどうでしょう？

それはよい問いでしょうか？〝よいか／悪いか〟というのは、そのときどきの価値基準や、判断のタイミングによって、いかようにも変化してしまうものなのです。

スポーツや芸術、またあらゆる職業訓練などでも、練習で大切なことは、実際にやってみることです。実際にやってみないで、本や動画を見ただけで、すぐに一通りのプレーができてしまうスポーツなど、滅多にありません。しかし、ただやみくもに実際にやってみるだけではどうでしょう？　上達するかしないかは、元々のセンス次第ということになりかねません。効果的な練習のためには、実際にやってみて、すぐにそれが狙い通りうまくいっているかの確認が必要なのです。

筋トレであれば、狙った筋肉を使えているか、バスケットボールのドリブルなら、低い位置でドリブルできているかなどです。練習は量も大切ですが、その効果を考えると、ポイントを意識し、それが狙い通りできているかを確認することが重要なのです。

問いの練習も同様です。２年も待たないとその効果が確認ができないのでは、上達も危ういものになってしまいます。

ですから、よいか／悪いかを基準にするのではなく、**狙い通りうまくいっているか**、つまり **〝機能しているか〟** を常に考えていきたいと思います。よい問いを求めるのはいったん脇に置き、「機能する問い」を求めていくことにしましょう。

機能する問いについて、もう少し説明します。たとえば、ある問いの狙いが、相手から1つの明確な答えを得ることだとします。その場合は、相手から明確な答えが出れば〝機能した〟と判断します。ところが相手が問われて悩み込んでしまい、明確な答えが出なかったら、狙い通りではありませんから、〝機能していない〟ことになります。

ここでは、その機能していなかった問いがきっかけで、2年後に何か素晴らしいことが起きて、「あの問いが私の人生を変えたんです。私にとってよい問いでした」というようなことがあっても、もともとの狙いとしては機能していない問いであったということです。

ほかには、どのような狙いのある問いが考えられるでしょう？

「情報を整理するための問い」というのもあるでしょう。その場合は、「ちゃんと情報が整理できたのか？」が確認の基準になります。「思考の領域に焦点を当てる問い」であれば「狙った領域に焦点が当たっているか？」が大事ですし、「視点を広げる問い」であれば「視点が広がったか？」、矛盾やジレンマを感じてもらう問いなら「それを体感できているか？」が、確認の基準になるわけです。もちろん、ここでは確認のタイミングも必要ですね。

もちろん、狙いとは別に偶発的に素晴らしい結果が生み出されることは、起こり得るでしょう。それを否定するものではありません。しかし、本書は〝起こるかもしれないこと〟ではなく、〝誰もが手に入れることができるもの〟として問う力を練習していきます。

特に、初めの1人称の問いの練習は重要です。過去のことを問う練習であったら「過去形になっているか？」、主語や主体を明確にする練習であったら「問いに主語や主体が明示してあるか？」が大切です。つまらない練習と思わないでください。低い位置でドリブルができないのに、1対1で相手を抜くことは難しいですし、そのまま試合に出ればすぐに敵チームにボールを渡してしまうことになるでしょう。同様に、問いの時間軸も自由自在に変えられないのに、「内省をうながす問い」などはつくれないのです。

1つ1つ機能する問いをつくれるようになることで、さまざまな目的に対応できる問う力を着実につけていきましょう。

本書における問いとは？

「問い」を辞書で引くと、おおむね次の2つが定義として出てきます。

1　質問

2　試験などの問題や設問

わざわざ分けなくてもいい気がしますが、その文章の形に注目すると、質問はたいていの場合「○○は何ですか？」と疑問形で示されるのに対して、設問は「○○について説明せよ」と命令形で書かれるので、同じにはできないと判断されたのでしょう。本書はそもそも試験などの問題や設問をつくるための本ではないので、「2　試験などの問題や設問」は範囲外のものとします。

ところが、疑問形で示されていても、問い、あるいは質問としての意図を持たない言葉があります。

「何回、同じことを言わせるの？」
「そんなこともできないの？」
「やる気あるの？」

3つとも文法上は疑問形です。しかし、これらに対して次のように答えたらどうなるでしょうか？

「あと5回くらい必要だと思います」
「現状ではできないと答えざるを得ません」
「ありません」

もしくは、もっと自己防衛的な言い訳を返したくなるかもしれませんね。いずれにせよ「そんな答えが聞きたいんじゃない！」と、大変なことになるのは容易に想像できますよね。

このとき「何回、同じことを言わせるの？」と発した人は「何度も同じことを言わなくてはいけなくて、私は悲しくて怒っている」といった感情を伝えたいのではないでしょうか。つまり、形式は疑問形なのですが、相手に答えを求めているのではなく、感情表現の手段として「何回言わせるの？」や「できないの？」「やる気あるの？」といった言葉を使っていると考えられるのです。

ただし、発している側は感情をぶつけているという自覚はなく、内省をうながしたり、原因分析したりしていると思い込んでいる場合も多いのです。

本書での問いは、これらのような「疑問形なのに相手に答えを求めていない問い」は当てはまりません。その定義としては、以下の２点です。

・答えを求めようとする意思がある
・疑問形である

わざわざ「疑問形である」を定義に含めたのには理由があります。

まず、試験の問題で使われる「○○について説明せよ」といった命令形は（特に日本では）〝正解がある〟ことを想起させます。これは言い方を丁寧にした「○○を考えてください」

も同じです。

揺らぎつづける〝さまざまな答え〟を求める必要性が増している現代には、このような命令形はあまりふさわしくないのでは、と考えるのが理由の1つです。

また、単に「〇〇」の部分だけ、たとえば「10年後の自分」というテーマに当たるものを体言止めで問いとして提示することもよく見受けられます。これも疑問形ではありませんね。書いていない以上「10年後の自分について話し合いなさい」という命令として受け取る人も出てくる可能性があります。すると、特に学校などでは「先生が喜びそうな答え」という、**〝正解〟を探そうとする意識が働いてしまう**かもしれません。

命令されたから考えるのではなく、疑問を心に持ち、主体的に答えを見つけていくという力を伸ばそうとするなら、体言止めではなく、きちんとした**疑問形でテーマを提示**したいものです。

実は、自分自身に問いを投げかけるときも、体言止めだと思考があちこちに拡散してしまうのです。「10年後の自分を考えよう！」と思っても、何から考えてよいのかわからず、最初から思考がストップしてしまうかもしれません。こんなとき「10年後、自分はどこに住んでいるかな？」とか「10年後、自分はどんな休日をすごしているかな？」とか「10年後、自分はどんな人と一緒にいるかな？」とか、思考の領域が絞られた疑問形の問いがあれば、具体的なビジョンにつながっていきそうです。

このように「疑問形である」という定義は、問われた人たち（自分自身も含まれます）のためにあるのです。

1人称／2人称／3人称の問いの練習

すでにご説明しましたが、本書では、問いを1人称／2人称／3人称に分け、それを順に練習していきます。

1人称の問いは、自分に問うことで、自分自身の思考や判断、内省を支援するという機能を持ちます。さまざまな場面での1人称の問いが、あなたの人生をより有意義なものにしてくれる最強の思考ツールとなるでしょう。同時に、自ら問い、自ら答えを考えることは、2人称／3人称の問いの情況で問われた側がどんな考えや思いを持つのか、事前に体験できる機会になります。

また1人称の問いは、相手がいませんから、相手の感情や相手との信頼関係、関係性などのノイズに左右されずに、つくられた問いに対して「これは、何を問うている問いだろうか？」とか「この問いと、この問いの違いはなんだろうか？」というストレートな分析が行なえます。

これらの練習で、問いの機能についての理解を深め、かつ、さまざまな問いを生み出せる素地を固めていただきたいと思います。

2人称の問いは、相手に投げかける問いです。相手の感情や、そもそもの信条、情況による忖度《そんたく》なども考慮する必要があります。

そこで問いを機能させるためには、どのように問いを組み立てるかが重要です。たとえば、カウンセラーやファイナンシャルプランナーは、クライアントに対していきなり「あなたの人生にとって、最も重要だと思うことはなんですか？」という問いは投げかけず、もう少しクライアントとの距離を縮めるような、答えやすい問いからスタートして、より核心に迫る問いへと展開していきます。

この2人称の問いが使いこなせるようになることで、対人関係で、相手の感情をより深く知ることや、信頼関係を築くこと、相手の行動や判断を支援することができるようになります。また、その組み立て方のノウハウが、次の3人称の問いのベースになっていきます。

3人称の問いは、複数の相手に、同時に投げかける問いです。この問いは、ビジネスの場面だけでなく、学校の授業、会議、イベントなどで使われることを想定しています。学びの場などでは、講義を聞くといったほかの活動と、複数の問いが組み合わさることで、機能を発揮するでしょう。

ここで1人称／2人称の問いと着実に練習を重ねてきたならば、このような複雑な情況でも、狙いを定め、的確に問いを生み出すことができるようになっているはずです。

1人称の問いから3人称の問いの前半までは、狙いに応じた、つまり機能する個々の問いをつくるための練習を積み重ねていきます。各章の最後では、情況に応じた一般的なフレームをご紹介しながら、問いを組み立てるためのヒントと、それらをより機能する問いとするための問いづくりを考えていただきます。これはフレームに沿って問いを組み立てるという力試しのようなものです。これにより、世の中にあるさまざまなフレームに沿って、問いをつくり、組み立てられるようになるでしょう。

最後の第4章には練習はありません。実録風の読み物として、参考にしていただければと思います。

さあ、いよいよ次の章から1人称の問いの練習を開始します。一歩一歩、楽しみながら「問う力」を高めていってください。

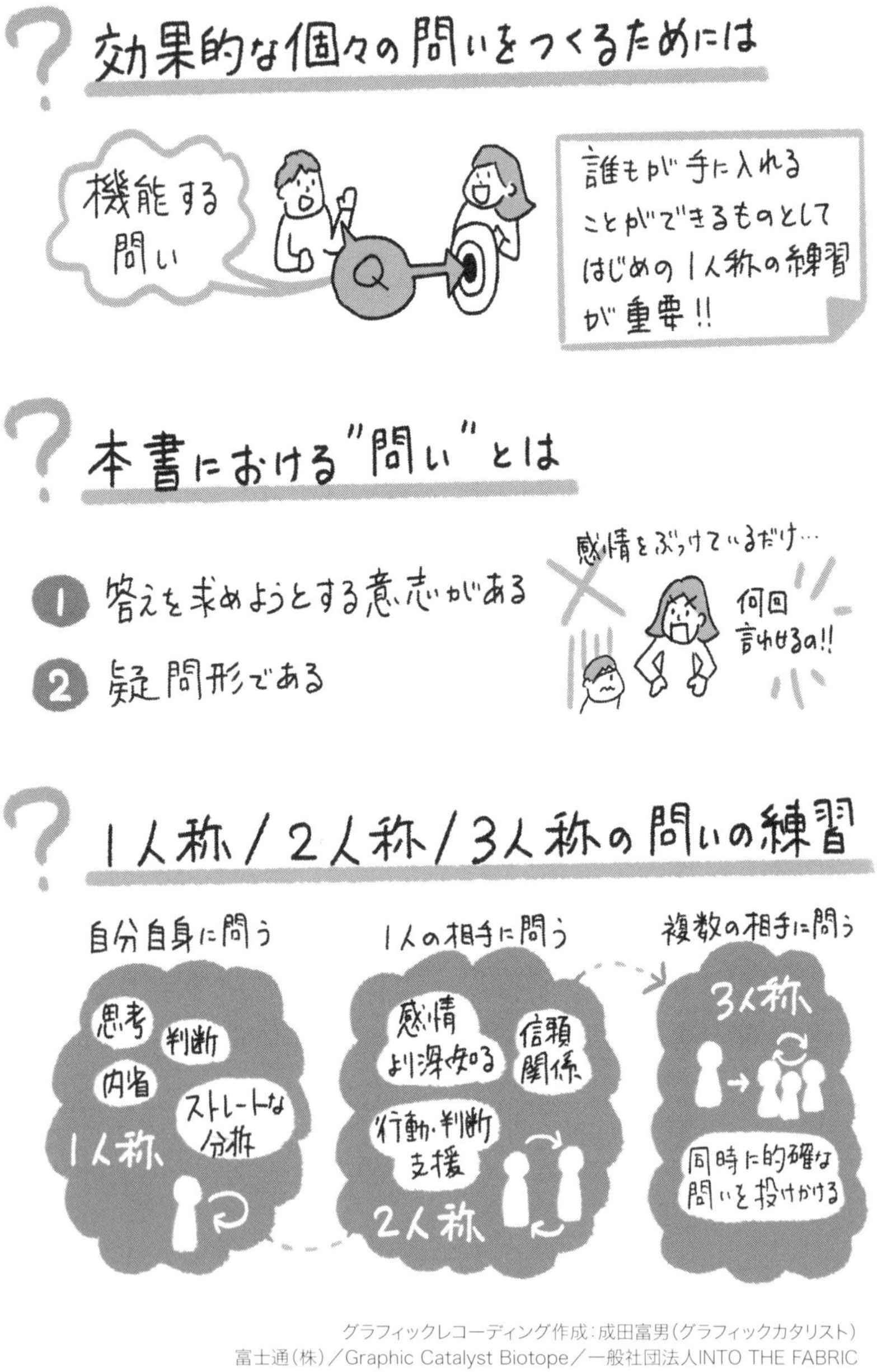
効果的な個々の問いをつくるためには
機能する問い
Q
誰もが手に入れることができるものとしてはじめの1人称の練習が重要!!
本書における"問い"とは
1 答えを求めようとする意志がある
2 疑問形である
感情をぶつけているだけ…
何回言わせるの!!
1人称/2人称/3人称の問いの練習
自分自身に問う
思考
判断
内省
ストレートな分析
1人称
1人の相手に問う
感情より深く知る
信頼関係
行動・判断支援
2人称
複数の相手に問う
3人称
同時に的確な問いを投げかける

グラフィックレコーディング作成：成田富男（グラフィックカタリスト）
富士通（株）／Graphic Catalyst Biotope／一般社団法人INTO THE FABRIC
社内外の対話を育む場でグラフィックレコーディングを用いて
気づきが促進される楽しい場づくりを実践している
tomios-graphic-dialogue.mystrikingly.com

序章「問う力」は最強の思考ツールである

Graphic Recording by Tomio Narita

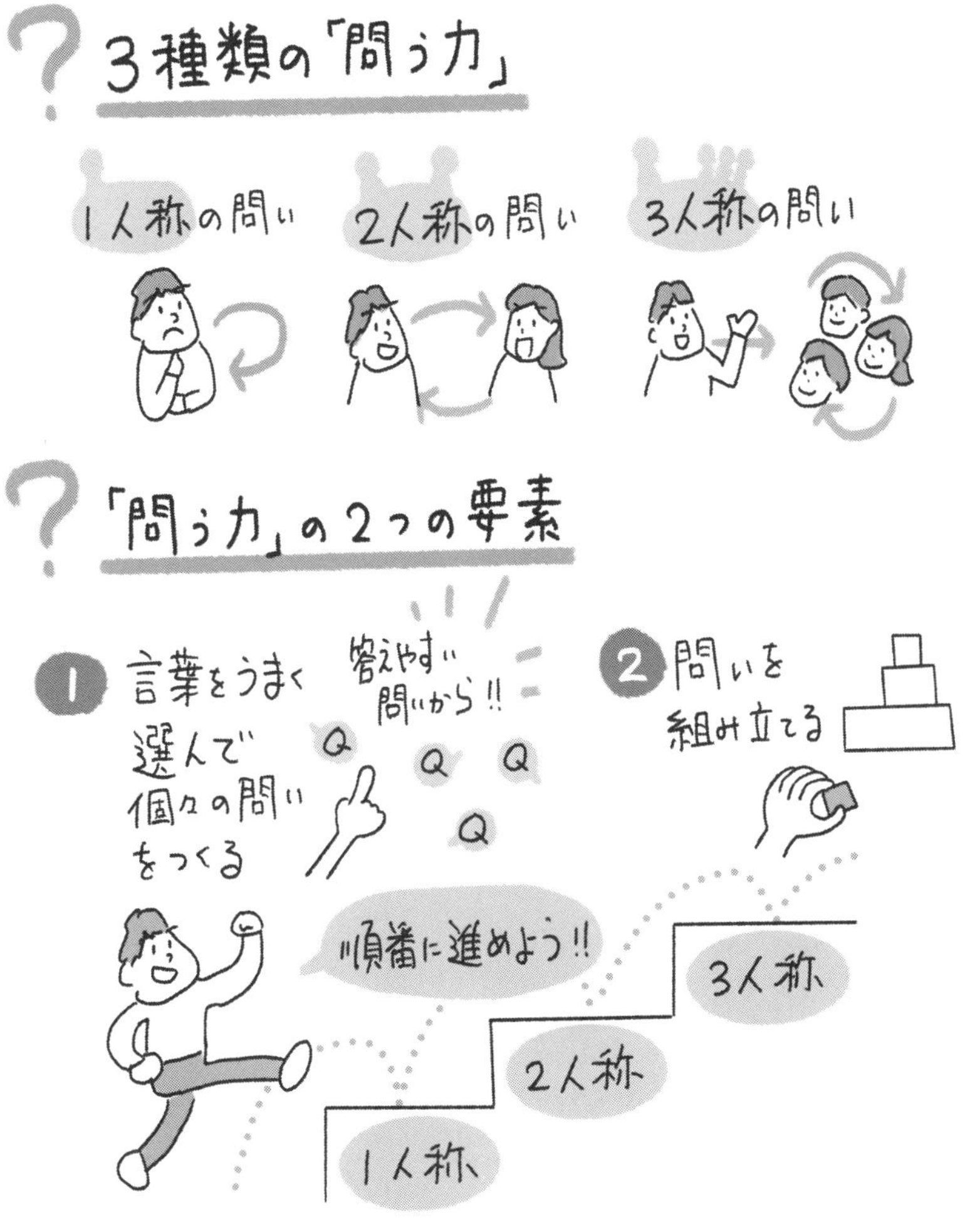

?

第 1 章

1人称の問い

――自分の思考を整理する

？すべての思考の基礎となる「1人称の問い」

あなたは、どのような情況で1人称の問いを必要としていますか？

1人称の問いは、自分に対しての問いです。なんだか不思議に感じるかもしれませんね。

しかし、意識していないかもしれませんが、私たちは日々、自分に問いを投げかけています。

たとえば、街で行列を見たら「あれはなんの行列だろう？」と気になったり、お昼が近くなって「今日は何を食べようかな？」と思うことがあるでしょう。それらも1人称の問いです。このように、1人称の問いは、人がさまざまなことを考えたり、判断したりする情況で、常に使われているのです。

さらに、「あの頃、何してたっけ？」と過去の自分に思いを馳せたり、「最近、自分がワクワクすることってなんだろう？」と自己分析したりするときにも、1人称の問いは活躍します。

また、課題解決を進めようとするとき、最初に「今、実際は何が起きているのか？」、次に「関係者は、本当はどうしたいのか？」、そして「どんな選択肢があるのか？」、最後に「まず何から始めたらよいのか？」などと順を追って考えるのではないでしょうか。このような問いの組み立て方を知っているだけで、ずいぶんスムーズに思考が進むでしょう。

あるいは論文を書くときなどには、「リサーチ・クエスチョン」という探究のための問いが重要視されます。

たとえば、同じ少子化をテーマにするとしても「少子化は日本の未来にどんな影響を及ぼすのか？」という問いを立てるのと、「ＯＥＣＤ諸国と比較して、日本の少子化の要因にはどんな特殊性があるのか？」という問いを立てるのとでは、探究の方向性はまったく異なるものとなるでしょう。

このように、ロジカルシンキングや探究の領域でも、思考や行動、判断の精度を上げるために、問いは大きな役割を果たします。

現代の教育にも大きな影響を及ぼしている、１９００年代のアメリカの哲学者デューイは著書『How We Think（人はいかに思考しているのか）』の中で、「やみくもに行動してはいけない、今日起きていることが、明日の何を示唆しているのかを問い、注意深く考えることで賢い未来を選択できるのだから」という主旨のことを述べています。

このように、問いは私たちの思考の精度を高め、よりよい未来をもたらしてくれる、頼もしい相棒なのです。

人は、考えたり、判断したり、行動したりするときに、常に問いを必要としているともいえるでしょう。

もちろん、行き当たりばったり、あるいは何か物事が起きてから反応する、ということでも生きていけます。しかし、主体的に自分らしい生き方をしようと思ったら、問う力は欠かすことができないのです。

この章では、1人称の問いのつくり方だけでなく、次章以降に続く2人称の問い、3人称の問いをつくるための、ベースとなる力の練習でもあります。2人称の問いと3人称の問いをつくれるようになりたいと期待している方も、まずはこの章からじっくり取り組んでください。

1人称の問いづくり――練習のステップ

これから、個々の問いをつくる練習を始めます。この練習では、問いの狙いに着目して、狙い通りの問いをつくることを目標にしていきます。

日本語はそもそもとてもあいまいな言語です。たとえば、主語も、述語も、明確な疑問詞もなく「最近、どう？」という問いで会話が通じてしまうという、狙い通りの問いからはほど遠い特徴を持っています。

もちろんあいまいな問いであっても「自由に答えてもらうことこそ、その狙いだ」という主張もあるかもしれません。ところがやっかいなことに、日本の文化ではあいまいな問いによって、問われた側が「これは何を答えてほしいのかな？」という忖度《そんたく》の思考を始めてしまうことがあるのです。

「忖度の思考を始めさせたい」という狙いがある（政治家のスキャンダルがらみの話題ならあり得る話です）とすれば、まだ自覚的ですが、「自由に考えてほしい」と思っているのに、結果として「忖度した答え」が返ってきたとしたら、**狙い通りの問い＝機能**

する問いとはいえませんね。

したがって、ここでは英語のように、主語も、述語も、明確な疑問詞もそろっている、５Ｗ１Ｈを使った、シンプルな問いから練習していきたいと思います。

そしてあらゆるスポーツの鍛錬と同様に、段々に複雑な要素を加えていきます。具体的には、シンプルな問いに修飾語をつけていくという練習を行ないます。

そこで、自分がつくった問いが修飾によってどのように変化しているのかを、注意深く振り返ります。これにより、狙いの定まった、より適切な言葉を選ぶ力を養っていきます。

この〝より適切な言葉を選ぶ力〟は、このあとの２人称／３人称の問いをつくる際にも、非常に重要になります。

次に、視点を変えて、ここまでの５Ｗ１Ｈを使った自由に答えられる問いを、Ｙｅｓ／Ｎｏで答えられる問いに変換する練習をします。たとえば、「なぜポストは赤く塗られたのか？」なら「ポストが赤く塗られたのは、目立たせたかったからか？」のような感じです。

さらに、設定した軸によって、問いを変化させていく練習に進みます。軸は〝過去・

現在・未来〟といった時制にかかわるものもあれば、〝自分・組織・世界〟というような視野や視座にかかわるものなどもあるでしょう。軸に沿って問いを自在に変化させられるようになると、長期間にわたることへの思考を引き出す問いがつくれます。

たとえば、キャリア形成のフレーム、問題解決のフレームといった、さまざまな問いの基本構成が与えられたときに、そのフレームに沿って問いをつくることができるようになるでしょう。

ここまでの練習が個々の問いをつくるためのものです。章の最後では、問いを組み立てるための一般的なフレームに合わせて、情況に応じた問いをつくっていきます。

これで個々の問いをつくること、問いを組み立てることの、2つの要素をマスターできます。あなたの問う力も大きく向上していることでしょう。

これらの練習は、この本に直接書き込みをしていただいてもよいのですが、3〜4センチ四方の付箋《ふせん》1枚に1つの問いを書き出すことをおすすめします。付箋に書き出すことで、本を汚さずに何回もチャレンジ可能になりますし、練習の中には、これらの問いを分類したり、並べ替えたりするものもあるので便利でしょう。

1人称の問いづくり　練習のステップ

❶ 5W1Hのシンプルな問い

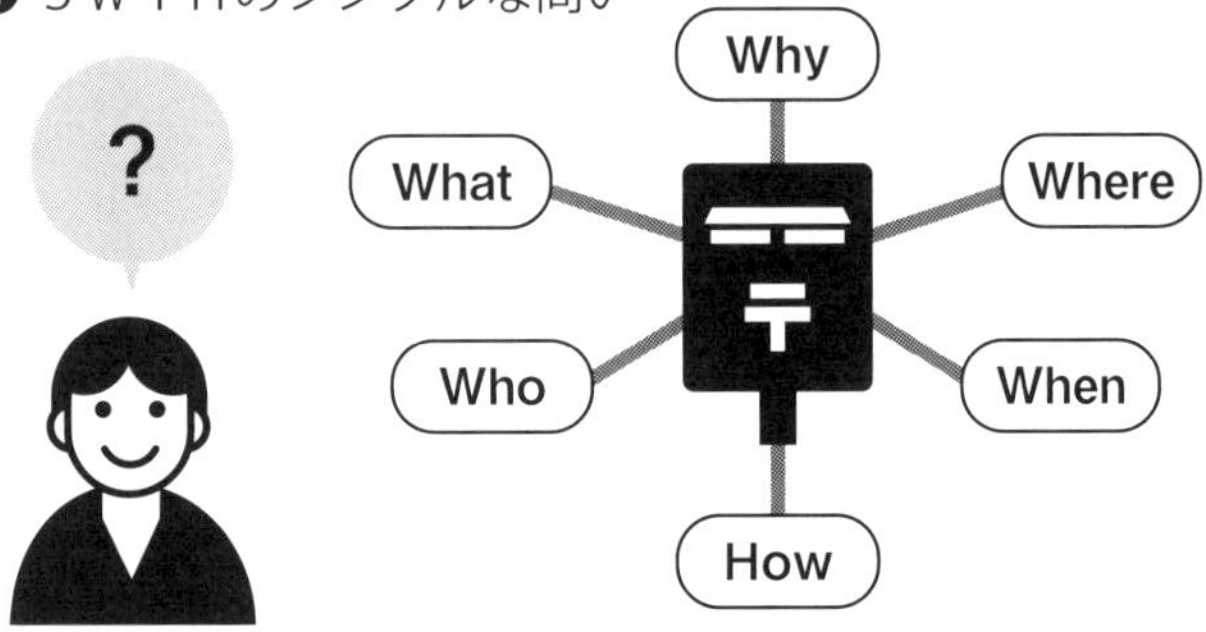

❷ 修飾した問い　シンプルな問い ＋ 修飾

❸ Yes／Noで答えられるよう変換した問い

❹ 軸に沿って変化させた問い

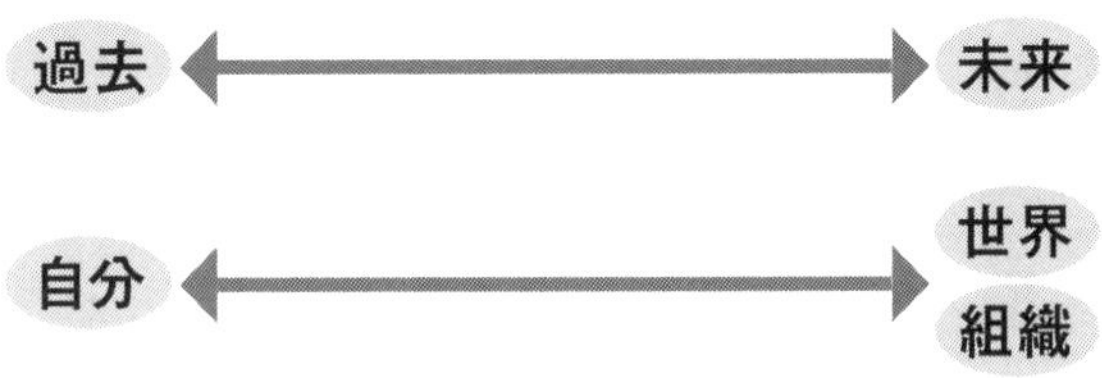

対象となるモノからさまざまな問いをつくろう

あらゆる問いをつくる筋トレとしての最初の練習は、何か対象、つまり目に見えるあらゆるモノから、全方位的に問いをつくっていくものです。

いきなり多くの問いをつくるのは「難しい」と思われるかもしれませんね。

しかし、皆さんには〝問いのスペシャリスト〟だった時代があります。それは、3〜4歳のころ、あらゆるものに「何？」「なんで？」と言っていた時代です。

これは練習なので、奇をてらう必要はありません。また、全方位的にたくさんつくることが目標なので、「よい問いをつくろう」と考えることはもってのほかです。「よい問いとは？」と考えてしまうことが、心のブレーキになり、逆説的にそこから遠ざかってしまうのです。そして、問いをたくさんつくり出す力、いわば〝筋力〟がなければ、狙ったところに問いを出すことはできません。3〜4歳の頃に戻った気持ちで、どんどん問いをつくってみましょう。

ここでの「対象となる（目に見える）モノ」は「赤いポスト」とします。すぐに「ポストはなぜ赤い？」と言葉が浮かんだあなた、素晴らしいです。ただ、言い回しは「ポストはなぜ赤いのですか？」と言葉を補って、明確な疑問形にしましょう。

「ポストはなぜ赤いのですか？」は赤い・ポストに対して、英語で言えば〝Why〟という疑問詞とbe動詞から構成されます。

次の5W1H（Howは〝How many〟なども含むことにします）を参考に、動詞を1つだけつけて（逆にいえば、そのほかの言葉はできるだけつけずに）問いをつくってみましょう。

練習1－1：どんな問いがつくれますか？

ねらい：対象となる（目に見える）モノからさまざまな問いをつくる。

やりかた：赤い・ポストと5W1Hと1つの動詞だけを使って、1つの疑問詞に対して、2つの問いを書き出してみましょう。

5W1H	問い1	問い2
Who（誰が）	〈例〉誰が赤いポストを掃除しますか？	
When（いつ）		
Where（どこ）		
What（何）		
Why（なぜ）		
How（どのように／どのくらい）		

？問いを修飾しよう

疑問詞1つと動詞1つからなる問いができましたね。次は、この問いを修飾してみます。

ちなみに、「修飾」というのは辞書によると「ほかの部分の内容を詳しく説明すること」を指します。たとえば「ポストはなぜ赤いのですか？」を少し詳しく説明すると、「**この**ポストはなぜ赤いのですか？」となります。さらに「**日本の**ポストはなぜ赤いのですか？」とすると、「この」よりも対象が広がりますね。そして単なる「ポスト」よりは、少し詳しい説明となっています。

また、語尾を変えてもよいかもしれません。たとえば、「ポストはなぜ**赤くなったのですか？**」のようにわざわざ完了形になっていると、問われた側に「昔は赤くなかったのかな？」「何か意図があったのかな？」とイメージや思考の方向性がより鮮明になるでしょう。

問いを修飾する

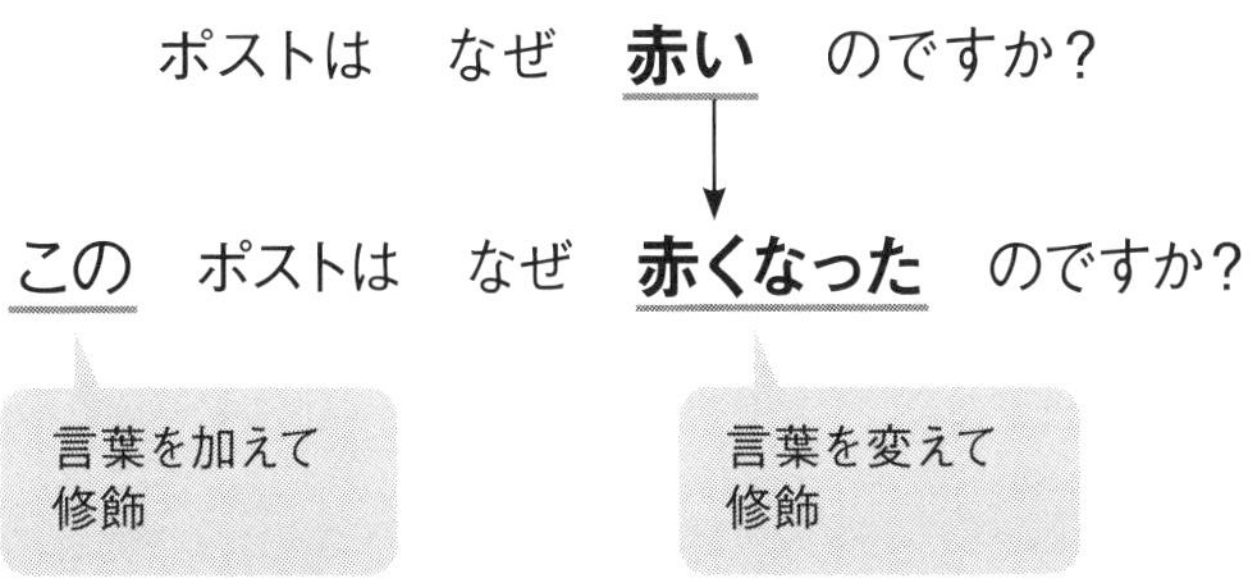
ポストは　なぜ　赤い　のですか？
この　ポストは　なぜ　赤くなった　のですか？
言葉を加えて
修飾
言葉を変えて
修飾

意図を持って修飾するということについては、いくつかの練習をしたあとにするとして、まず今までつくった問いを機械的に修飾してみます。

ここではある1つの問いをさまざまに修飾するという練習を行ないたいので、まず、先ほどつくった問いを修飾していくことにしましょう。

修飾のしかたとしては、「この」や「日本」など**言葉を加える**というものと、「赤い」を「赤くなった」のように**言葉を変える**という、2種類の方法を練習しましょう。

練習1－2：どんな問いがつくれますか？

ねらい：問いを修飾する・修飾したことでのニュアンスの変化を確認する。

やりかた：先ほどつくった問いをもとに「言葉を加えて修飾をした問い」と「言葉を変えて修飾した問い」をつくってみましょう。元の問いは2つ以上、修飾した問いはそれぞれ2～3個考えてみましょう。

元の問い	言葉を加えて 修飾した問い	言葉を変えて 修飾した問い
〈例〉ポストはなぜ 赤いのですか？	〈例〉このポストはなぜ 赤いのですか？	〈例〉ポストはなぜ 赤くなったのですか？

さて、修飾できましたか？　できた問い全体を眺めてみましょう。どんなことを感じたり、気づいたりしたでしょうか？

特に、元の問いと修飾された問いを比べて、「その問いが自分に投げかけられたら、どのように考えをめぐらせるか？」という点に注目して振り返ってみましょう。

まず、「ポスト」という言葉に「この」とか「日本の」とか「世界の」がつくと、注目するポストの領域が明確になります。「このポストはなぜ赤いのですか？」だけだと、周りの風景とも比較して、単に「やっぱり目立つからじゃないかなあ」と思うだけかもしれません。

しかし、「日本のポストはなぜ赤いのですか？」という問いだとどうでしょう？「ちょっと調べてみないとわからないかな」という気になるかもしれません。

ちなみに、歴史をひも解いてみると、明治時代に「イギリスのポストにならったから」という理由がかなり有力な説であるようです。

さて「世界のポストはなぜ赤いのですか？」という問いだとどうでしょうか？　ここまでくると、「そもそも世界のポストは本当に赤いのか？」と、この問いから派生する異なる問いの答えを確認しなければいけなくなります。

ちなみに、世界のポストは赤いものもあれば、黄色いものや青いものもあります。かつてイギリスの植民地だった国は赤が多いのですが、アメリカでは1度は赤くしたものの、消防設備と間違えるという理由で、早々に色を変えています。したがって〝目立つ色だから赤〟というのは、グローバルな感覚ではそれほど一般的な理由ではないということもわかります。

このように修飾することで、問いが狙う思考の領域を絞ったり、広げたりすることができるのです。

また、「ポストはなぜ赤くなったのですか？」のように時制が変わることで、目を向ける方向が変わることがあります。このように現在完了形で問われると、少し過去のポスト、あるいは赤くなかった時代のポストも気になってきますね。

ちなみに、江戸時代のポストはペイントされていない木製のものでしたが、明治初期のポストは黒だったとのことです。そして、赤に変わった理由の1つとしては、「公衆便所と間違える人が多くいたから」（少しアメリカの事情と似ていますね。詳しくはぜひ検索してください）があるようです。

また「100年後のポストはなぜ赤いのだろうか？」となると、意識は一気に未来のまだ見ぬ世界、想像の方向に向きます。ここでも「そもそも100年後のポストは赤いのだろうか？」あるいは「そもそも100年後にポストは存在しているのか？」と、この問いから異なる問いも派生するでしょう。

もちろん、この答えはいくら調べてもわかりませんから、自由な想像で、あるいは現在から合理的に導き出される推論で、考えていくことになるでしょう。

このように、問いが修飾されることで、それに答えるための思考の領域、方向、深さがさまざまに変わっていきます。このような視点で、もう1度あなたが書き出したすべての問いを見てみましょう。どんなことを感じたり、気づいたりしましたか？

？オープン・クエスチョンとクローズド・クエスチョンの変換をしよう

もう1つ練習をしてみましょう。

赤い・ポストと5W1Hと動詞1つだけを使って、問いを変化させていきます。

今度は、「オープン・クエスチョン（開かれた問い）」と「クローズド・クエスチョン（閉じられた問い）」の変換の練習です。

オープン・クエスチョンとは、疑問詞が使われて自由に答えることができる問いのことを指します。一方、クローズド・クエスチョンは、いくつかの中から答えを選ばせたりする問い、Yes／Noで答えられる問いなどを指します。

オープン・クエスチョンである「ポストはなぜ赤いのですか？」は、疑問詞（なぜ）を取り除くと「ポストは赤いですか？」となり、Yes／Noで答えられるクローズド・クエスチョンになります。

「誰が赤いポストを掃除しますか？」というオープン・クエスチョンに言葉を補って、「郵便局員が赤いポストを掃除するのですか？」というYes／Noで答えられるクローズド・クエスチョンにすることもできますね。この場合は、疑問詞に当たるところに、さまざまな言葉を当てはめて考えると、クローズド・クエスチョンをつくりやすいでしょう。

さて、このあたりからまた「よい問いをつくろう」という邪念が頭をもたげるかもしれません。そんな悪魔のささやきに惑わされず、淡々と練習を進めていきましょう。
ここでは、あなたが練習1－1でつくったすべての問いを、クローズド・クエスチョンにしていきます。付箋を使って問いの練習をしている方は、先ほどつくった問いが書かれた付箋を欄に貼り直すと簡単です。

練習1－3：どんな問いがつくれますか？

ねらい：オープン・クエスチョンをクローズド・クエスチョンに変換する。

やりかた：練習1－1でつくった問いをもとにクローズド・クエスチョンをつくってみましょう。5W1Hから1つずつ、クローズド・クエスチョンに変換してみましょう。

5W1H	問い1（オープン）	問い1b（クローズド）	問い2（オープン）	問い2b（クローズド）
Who（誰が）	〈例〉誰が赤いポストを掃除しますか？	〈例〉郵便局員が赤いポストを掃除しますか？		
When（いつ）				
Where（どこ）				
What（何）				
Why（なぜ）				
How（どのように／どのくらい）				

問いに隠された前提条件（情報）と問い

オープン・クエスチョンからクローズド・クエスチョンに変換できましたね。クローズド・クエスチョンをつくるときには、実はさまざまな前提条件や情報を付加していたことに気づきましたか。

たとえば、「郵便局員が赤いポストを掃除しますか？」は、「ポストだし、やっぱり郵便局の人が掃除するというのが、妥当かな」くらいの思考が働いているでしょう。このような前提条件があると、「ノラネコが赤いポストを掃除しますか？」という問いはなかなか出てきません。問いの形式だけから考えると「ハガキが赤いポストを掃除しますか？」という問いも、本来なら成立するはずです。

1人称の問いの効果として思考や判断を挙げました。もし「ハガキが赤いポストを掃除しますか？」を、さらにオープン・クエスチョンに変換した問い「ハガキはなぜ赤いポストを掃除するのか？」をつくり、そこから思考を進めていったらどうなるでしょう？

さて、ここでお伝えしたいのは「前提条件（情報）が設定されていることはよくない」ということではありません。

小説家なら自由な発想で物語を作れるかもしれませんが、普通の人なら「赤いポストを掃除するのは、やっぱり人だよね」くらいの前提条件の上で考えたほうが、思考を進めやすいのです。つまり、このケースではやはり、**「前提条件（情報）が思考の領域を示している」**といえるのです。

ただし、問いづくりの精度を高めたいなら、その問いに **〝どのような前提条件（情報）があるのか／隠されているのか〟** を注意深く観察したほうがよいでしょう。

「誰が赤いポストを掃除しますか？」は、「そもそもポストは誰かが掃除するもの」という前提が隠れています。また、「ポストはなぜ赤いのですか？」は、「そもそもポストは赤いもの」を前提としています。そして、グローバルな視点においては「ポストは必ずしも赤くはない」が現実なのです。

前提条件（情報）は、問いの領域を示し、思考を進めやすくすると同時に、その領域の外側に思考を向かわせにくくします。だからこそ、この問いには〝どのような前提条件（情報）があるのか／隠されているのか〟を注意深くチェックし、その内側で考えるべきなのか、それとも少し外側も検討しようとするのかを、意識的に判断することが大切です。

また、この前提条件（情報）がある問いを、自分以外の相手（2人称のシチュエーション）に不用意に使うと、誤解の元になったり、あるいは「まったく的外れのことを話す人だ」と信頼をなくすことになったりします。

チームメンバーやクラスといった複数の相手（3人称のシチュエーション）に対して使うと、さまざまな意見が出にくくなったり、対話が進まなかったりする可能性があります。その結果として、相互作用が起きず、予定調和的な結論しか導かれないということもあるでしょう。

ですから、問いに含まれる前提条件（情報）について自覚的であることは非常に重要なのです。

それでは、あなたがつくったオープン・クエスチョンとクローズド・クエスチョンには、〝どのような前提条件（情報）があるのか／隠されているのか〟について、1つずつ考えてみてください。

軸を意識しながら、問いを修飾しよう

ここまでは、「前提条件に縛られずに多くの問いを出す」という趣旨で、元になるシンプルな問いをあまり意味は考えずに修飾してみたり、変換してみたりするという練習を重ねてきました。

しかし、できあがった問いを改めて見てみると、一部の問いはある軸の上に並ぶことがわかるでしょう。一番わかりやすいのは**時間軸**です。

たとえば、「誰が赤いポストを掃除**する**のですか？」は「誰が赤いポストを掃除**した**のですか？」にもなりますし、「誰が赤いポストを掃除**していた**のですか？」にもなるでしょう。

また「**これから、**誰が赤いポストを掃除するのですか？」「**100年後、**誰が赤いポストを掃除するのですか？」という、

未来に向けた問いとして修飾することができます。

単に、過去か現在か未来かというだけでなく、「誰が赤いポストを掃除していたのですか？」は、なんとなく「今はその人は掃除をしていないかもしれないけれど」というニュアンスが感じられます。これが「これから、誰が赤いポストを掃除するのですか？」だと「今までとは違って」というニュアンスが読み取れそうです。

これが自分の内省に向かう問いだったらどうでしょうか？「**5年前**、熱意を持って取り組んでいたことはなんだろうか？」「**今**、熱意を持って取り組んでいることはなんだろうか？」「**これから**、熱意を持って取り組みたいことはなんだろうか？」などとなるでしょう。時系列に並べただけでも、キャリアを考えるために役に立つ問いがつくれそうです。

さて、そのほかにどんな軸があるでしょう？ **思考の領域や、その広さを変えていくという軸**もありそうです。

たとえば「なぜポストは赤いのですか？」は「なぜ、**日本の**ポストは赤いのですか？」にもなりますが、「なぜ、**世界の**ポストは赤いのですか？」のように、より対象となる領域を広げて考えていくことができます。

「日本のポスト」を対象とした場合、日本のポストが赤に決まった経緯に目がいくことになりそうですが、「世界のポスト」が対象となると、そもそも世界のどの地域のポストが赤いのかも知りたくなるでしょう。さらに、それぞれの地域や国における、赤くなった理由も知ることができるかもしれません。

以上のように、問いは思考の領域をさまざまに示します。そして問いを修飾するということは、その思考の領域を少しずつ変化させることなのです。問いをつくるときに、一番最初の練習のように、偶発的に意図をあまり持たずに書き出すやり方もあります。偶発的に出された問いは、普段のあなたの思考の偏りや前提条件などから離れて、自由で意外なものであるかもしれません。

逆に、ここでご紹介したように軸を意識しながら問いを変化させていくのは、どんなときにふさわしいでしょうか？　思考すべきことの目処《めど》がついてから考えたい、あるいは考えるべき領域をより絞っていくタイミングがよさそうですね。

〝主語や主体〟を明示することで思考の領域を明確にしよう

自分自身に問うという思考の精度を上げる方法として、〝主語や主体〟の明示があります。そもそも、英語など欧米語と比較すると、日本語は主語がなくても、文が成立してしまうという特徴があるため、日常会話では主語や主体を意識せずに会話をしています。

たとえば、会話で「明日、行く？」というセリフは、前後の文脈があれば違和感はないでしょう。しかし、英語では〝Tomorrow, go?〟という言い方をするのは相当にレアケースです。最低でも〝Tomorrow, you go?〟とか〝Tomorrow, we go?〟というように主語をつけないと、相手からいぶかしがられるに違いありません。

このような言語上の特徴から、私たち日本人は問いをつくるときでも、主語や主体を省略したり、あいまいなままにしておいたりしてしまうのです。

問いは思考の領域を示します。

たとえば、「何ができるか？ 日本の教育」という問いは、テレビ討論のキャッチフレーズとしては、十分にあり得そうですし、このくらいあいまいなほうがいろいろな意見が出そうです。しかし、これが思考を進めるための問いだったらどうでしょう？

「**〝国として〟**何ができるのか？」ということを考えるのと、「**〝教育者は〟**何ができるのか？」ということを考えるのと、「**〝私は〟**何ができるのか？」と考えるのとでは、その思考のプロセスも、そこから導き出される答えもかなり異なるものになるでしょう。最悪なのは、思考の途中で主語や主体がズレていってしまう場合です。「もっと教育に国家予算を割くべきだ！」という思考と「まずは自分が声をあげていこう」という思考が行ったり来たりしてしまっては、有益な答えは導き出せそうもありませんね。

これは逆にいえば、なんとなくつくられたあいまいな問いも、主語や主体を明示することで、より思考の領域を明確にすることができるということです。

さらに、軸を意識して、いくつかの主語や主体を変えながら、思考を進めるというのもよいかもしれません。

たとえば、まずは「〝国は〟何ができるのか？」を考え、それが終わったら、「教育者は〝何ができるのか？」を考え、そして「〝私は〝何ができるのか？」と順に考えていくという風にです。

このように、ある問いがどのような思考の領域を示しているのかということに、意識的になるということはとても大切です。自分自身が何を考えたいのか、考えるべきなのか、客観的に捉えやすくなります。その領域に違和感があるなら、さまざまな修飾や主語や主体を明示することで、方向転換することができます。

それが探究やリサーチ・クエスチョンなら、より自分の意思を反映した有意義なものにできるでしょう。

また、このあとの2人称の問い、3人称の問いでは、相手からどんな思考を引き出したいのか、あるいは、その問いでどんな思考が引き出されるのかを意識していくべースにもなっていきます。

練習1－4：どんな問いがつくれますか？

ねらい：主語や主体を明示することで思考の領域を明確にする。

やりかた：練習1－3でつくったオープン・クエスチョンとクローズド・クエスチョンをもとに、主語や主体を追加して明示しましょう。また、主語や主体に合わせて、時制などの修飾も加えてください。

元の問い	主語や主体を追加して明示した問い
赤いポストで 何をしますか？	
赤いポストを これからも使いますか？	

? 1人称の問いの活用

ここまで、1人称の問いをつくるためのさまざまな練習をしてきました。ここで得られた問う力はどんな場面で活用できるでしょうか？

まず、日常の場面では、今を見つめたうえで、「明日のために何をしたらよいのか？」といった、自分の行動を決めるために使っていけるでしょう。

少し大げさに書いてしまいましたが、「ちょっと体重が増えすぎてきたから、明日の健康のためには、今日の昼ごはんは何にしようかな？」といったことでもよいのです。自分の行動を決めるときにも、少しだけ立ち止まって「どんな問いを投げかければいいかな？」と考えるだけで、判断がしやすくなるでしょう。

また仕事の場面では、主語や主体が重要になってきそうですね。

「お客さまはどう考えているのか？」「自社の利益はどのように確保するのか？」「そんな中で、私は何をしていけばよいのか？」など、「どうしよう、どうしよう」と慌てるのではなく、主語や主体とともに落ち着いて問いを考えていくことで、よりよい情況を生み出せるでしょう。

そして内省や振り返りでは、時間軸が活躍しそうです。その性質上、過去に関する問いが含まれることは当然としても、そのあとの思考をどこに向かわせるのかも考えたいところです。

「なぜ、あのとき、○○しなかったのだろう？」とか「あの情況で、相手はどう感じただろうか？」などと、過去を見つめることは大事ですが、それが後悔だけで終わっては、思考は前には進みません。

「今、自分はどんな気持ちなのか？」や「1年後、どのようになっているのが理想だろうか？」など、時間軸を変えて思考を進めていくことで、過去の体験が未来につながっていくでしょう。

また、探究やロジカルシンキングでは、さまざまな観点から思考の領域を変えたり、明確にしていくことが求められます。「本当は何が起きているのか？」と問うことは欠かせない〝現状の事実〟を問うものですが、「もし、○○が起きなかったらどうだろうか？」と考えることも、ときには必要かもしれません。よりクリティカル（批判的）に物事を見ていこうとするなら、「これはどんな前提の下で成立することだろうか？」

と考えることも大切ですね。

この章の終わりでは、さまざまなフレームを紹介しながら、より実用的な問いづくりに挑んでいただきます。ここまで練習した問う力を存分に発揮してみてください。

ここからは、一般的に使われている考え方のフレームを簡単にご紹介し、それを問いの形にしていく練習を行ないます。

考え方のフレームを説明されただけで、ご自身の情況に合わせて活用できる方もいらっしゃるでしょう。しかし「へえー、そんな考え方があるんだ」と受け止めただけで、実際には使ったことがない、そのうち忘れてしまったなどということもあるのではないでしょうか？

ここでは、自分自身が考え方のフレームを使いこなすために役立つものを例を挙げながら考えていきたいと思います。

この練習を行なうことで、ここでご紹介した以外のフレームについても、同様に問いの形にしていくことができるようになるでしょう。

応用1-1：キャリアについて考える1人称の問い

自分のキャリアについて、人生の節目で問い直すというのは大切なことです。あなたが20代で、社会にあるさまざまな仕事について、なんとなく見えはじめた時期だったなら、自分にどんな問いを投げかけるでしょうか？

キャリアに関して見つめ直したい要素は、以下の3つです。

- **自分の強み**
- **興味のある仕事（の領域）**
- **理想的な未来の状態**

通常、考えただけで現状維持をしていては、求めるキャリアに進めるかどうかはわかりません。最後に〝まず始めること〟が定義されているとよさそうです。

ただし、興味のある仕事（の領域）に関しては、すぐに即答できるほどの知識や情報を持っていないかもしれません。少し簡単にして、〝自分がワクワクすること〟などが、誰もが答えられる要素になりそうです。

ここでは、次の5つをフレームとして考えていきましょう。

1 自分がワクワクすること
2 興味のある仕事（の領域）
3 理想的な未来の状態
4 自分の強み
5 まず始めること

やりかた：次ページの表の中央の欄に「ストレートな問い」が書いてあります。その言葉をわかりやすく言い換えたり、修飾したりして、より答えやすく、「考えが前に進む問い」にしてみましょう。

フレーム	ストレートな問い	考えが前に進む問い
1.自分がワクワクすること	自分がワクワクすることはなんだろうか?	
2.興味のある仕事(の領域)	興味のある仕事(の領域)はなんだろうか?	
3.理想的な未来の状態	理想的な未来はどんな状態だろうか?	
4.自分の強み	自分の強みはなんだろうか?	
5.まず始めること	まず始めることはなんだろうか?	

考えが前に進む問いをつくるヒント

❶ もう少し領域を狭めて考えやすくしてみましょう。

例「これまで、私はどんなことに一番ワクワクしただろうか？」

❷ ❶との連続性を考慮し、さらに「なんだろうか？」と1つに絞るような問いではなく、さまざまな可能性が広がるように言い換えてみましょう。

例「興味を持てそうな仕事にはどんなものがあるだろうか？」

❸ イメージする時間軸とそのときの状態をより具体的にしてみましょう。

例「10年後、自分はどんな毎日を送りたいだろうか？」

❹「強み」という言葉自体が抽象的すぎるかもしれません。

例「10年後の自分につながるような、私の得意分野はなんだろうか？」

❺ より初めの一歩につなげられるように、時間を区切ってみましょう。

例「まず1カ月以内に始められることはなんだろうか？」

応用1－2：問題を解決するための1人称の問い

「早くやり終えなければいけない仕事なのになかなか進まない」「ここ数週間の睡眠不足で調子が悪い」「そろそろ片づけないと足の踏み場が……」など、私たちの周りには問題が山積みです。1つ1つ着実に解決していくためには、どのような問いが適切でしょうか？

まず、問題とは **〝現状とあるべき状態（目標）のギャップ〟** として定義されます。このギャップを直接的に埋めてもよいのですが、より根本的な解決を求めるなら、その差を生む原因にも目を向ける必要があるでしょう。

このような問題分析をしたあとに、解決策を考えていきます。

複数の解決策からベストなものを選び出すというプロセスを踏みます。解決までの計画を、ステップごとに明らかにしましょう。次の5つをフレームとして考えていき

問題の構造

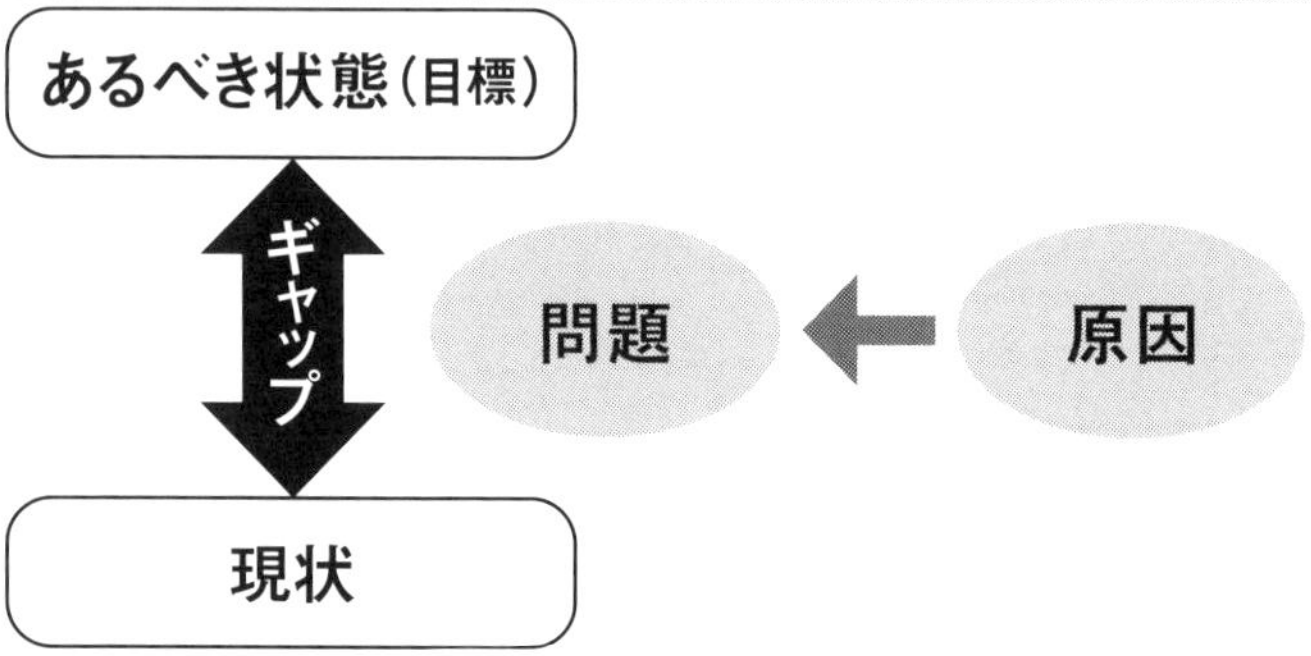

ます。

1 現状をリストアップする
2 望んでいる目標を明確にする
3 現状と目標のギャップを生じさせている原因を探る
4 原因に対しての解決策を見出す
5 解決策の具体的ステップを整理する

やりかた：次ページの表の中央の欄に「ストレートな問い」が書いてあります。その言葉をわかりやすく言い換えたり、修飾したりして、より答えやすく、「考えが前に進む問い」にしてみましょう。

フレーム	ストレートな問い	考えが前に進む問い
1.現状をリストアップする	どんな現状だろうか?	
2.望んでいる目標を明確にする	望んでいる目標はなんだろうか?	
3.現状と目標のギャップを生じさせている原因を探る	理想的な未来はどんな状態だろうか?	
4.原因に対しての解決策を見出す	解決策には何があるだろうか?	
5.解決策の具体的ステップを整理する	解決策の具体的ステップはどのようなものだろうか?	

考えが前に進む問いをつくるヒント

❶ 領域を狭めたうえで、さまざまな角度から現状を見ていきましょう。

例「○○について、現状でうまくいっていることと、そうでないことはなんだろうか？」

❷ 主語や主体に着目しましょう。目標を定めるのは誰でしょうか？

例「私が望んでいる目標はなんなのだろうか？」

❸ 問題にはさまざまな要因がかかわっています。「あれもこれも」と、ならないようにしてみましょう。

例「何が一番、ギャップを生む原因となっているのだろうか？」

❹ ここでは、原因やギャップを解消するための、アイデアを引き出すような表現に変えてみましょう。

例「少しでも問題を解消に向かわせるための、ちょっとした解決策には何があるだろうか？」

❺より初めの一歩につなげられるよう、時間を区切ってみましょう。

例「まず1カ月以内に始められる解決策の最初のステップはなんだろうか？」

応用1-3：探究やリサーチのための1人称の問い

少し前では、大学院レベルの学びと考えられていた探究やリサーチが、〝正解のない時代〟を生き抜くためには必須の学びとして、中学・高校のみならず、小学校にまで取り入れられはじめています。小学校においても、探究やリサーチに求められる学びは大学院レベルのものとなんら変わりません。重要な要素は次の2つです。

（a）これまでのさまざまな知見を土台とする
（b）そのうえで、新たな知見を見出す

（a）だけなら、いわゆる調べもの学習で、「これまで正しいとされてきたことを知る」

というだけにすぎません。

〝正解のない時代〟を生き抜くという観点からは、より（b）が重要になってくるわけですが、だからと言って（a）の知見がまだない領域を探してそれをテーマにするというのでは、本末転倒な感じがしますね。

それでは、探究やリサーチの出発点としてふさわしいことはなんでしょうか？

このような場合に、日本でまず出てくる言葉は〝好きなこと〟かもしれません。なぜなら、それが内側からのモチベーションにつながっている感じがするからでしょう。

海外の論文などを読んでいくと、内側からのモチベーションの源泉としての言葉は〝interest〟や〝curious〟が選ばれることが多いようです。日本語にすれば、〝興味をひく〟とか〝なんだかとっても気になる〟というニュアンスになります。つまり、そのような〝興味をひく〟ことや〝なんだかとっても気になる〟ことを出発点として、探究やリサーチを始めるのがよいということでしょう。

ただよくあるのは、「これはどうなっているのだろう？」と調べていくと、もう誰かが似たような研究をしていたという場合です。

しかし安心してください。その誰かの研究の結果を知ったあなたは、また異なる興味が湧いてくるかもしれないのです。その繰り返しで、これまでのさまざまな知見を土台とした新たな知見が見出されるのです。

したがって、探究やリサーチのための問いは、次のようなフレームで見つけ出していくとよいでしょう。

1　自分の興味を思い返す
2　これまでの知見を探す
3　なお知りたいことを考える
4　探究のための問いを定義する

やりかた：次ページの表の中央の欄に「ストレートな問い」が書いてあります。その言葉をわかりやすく言い換えたり、修飾したりして、より答えやすく、「考えが前に進む問い」にしてみましょう。

フレーム	ストレートな問い	考えが前に進む問い
1.自分の興味を思い返す	何に興味をひかれるだろうか？	
2.これまでの知見を探す	これまでの知見にはどのようなものがあるだろうか？	
3.なお知りたいことを考える	（これまでの知見を知ったうえで）どんなことを明らかにしたいだろうか？	
4.探究のための問いを定義する	どんな問いで探究したいだろうか？	

！ 考えが前に進む問いをつくるヒント

❶ 主語や主体を加え、少し感情的な言葉で修飾して、自分の内側からの気持ちに呼びかけるようにしてみましょう。

例「私にとって、なぜか興味をひかれて不思議に思うことはなんだろうか？」

❷ できるだけ多くの知見に当たれるように、時間軸や領域を広げてみましょう。

例「ここ100年間で、世界の中ではどんな知見があるのだろうか？」

❺ 改めて自分に問えるよう、これも主語や主体を加えてみましょう。

例「私はどんなことを、本当に明らかにしたいのだろうか？」

❹ 自分がワクワクできて、しかも学びとしての貢献も得られるよう修飾してみましょう。

例「どんな問いなら、ワクワクしながら探究できて、大きな学びが得られるだろうか？」

④ 軸に沿って変化させた問い

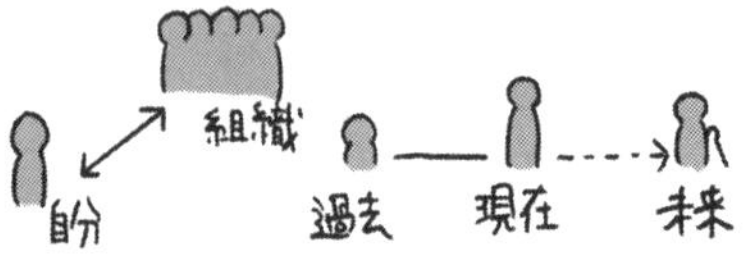

思考の領域を
少しずつ変化して
考えるべき領域
をより絞っていく!

主語や主体を明示することで思考の領域を明確にする

自分自身が何を考えたいのか
考えるべきなのか
客観的に捉えやすくなる

1人称の問いの活用

キャリアについて

1 自分がワクワクすること
2 興味がある仕事(の領域)
3 理想的な未来の状態
4 自分の強み
5 まず始めること

問題解決

1 現状をリストアップする
2 望んでいる目標を明確にする
3 現状と目標のギャップの原因を探る
4 原因に対して解決策を見出す
5 解決策の具体的ステップを整理する

探索&リサーチ

1 自分の興味を思い返す
2 これまでの知見を探す
3 なお知りたいことを考える
4 探求のための問いを定義する

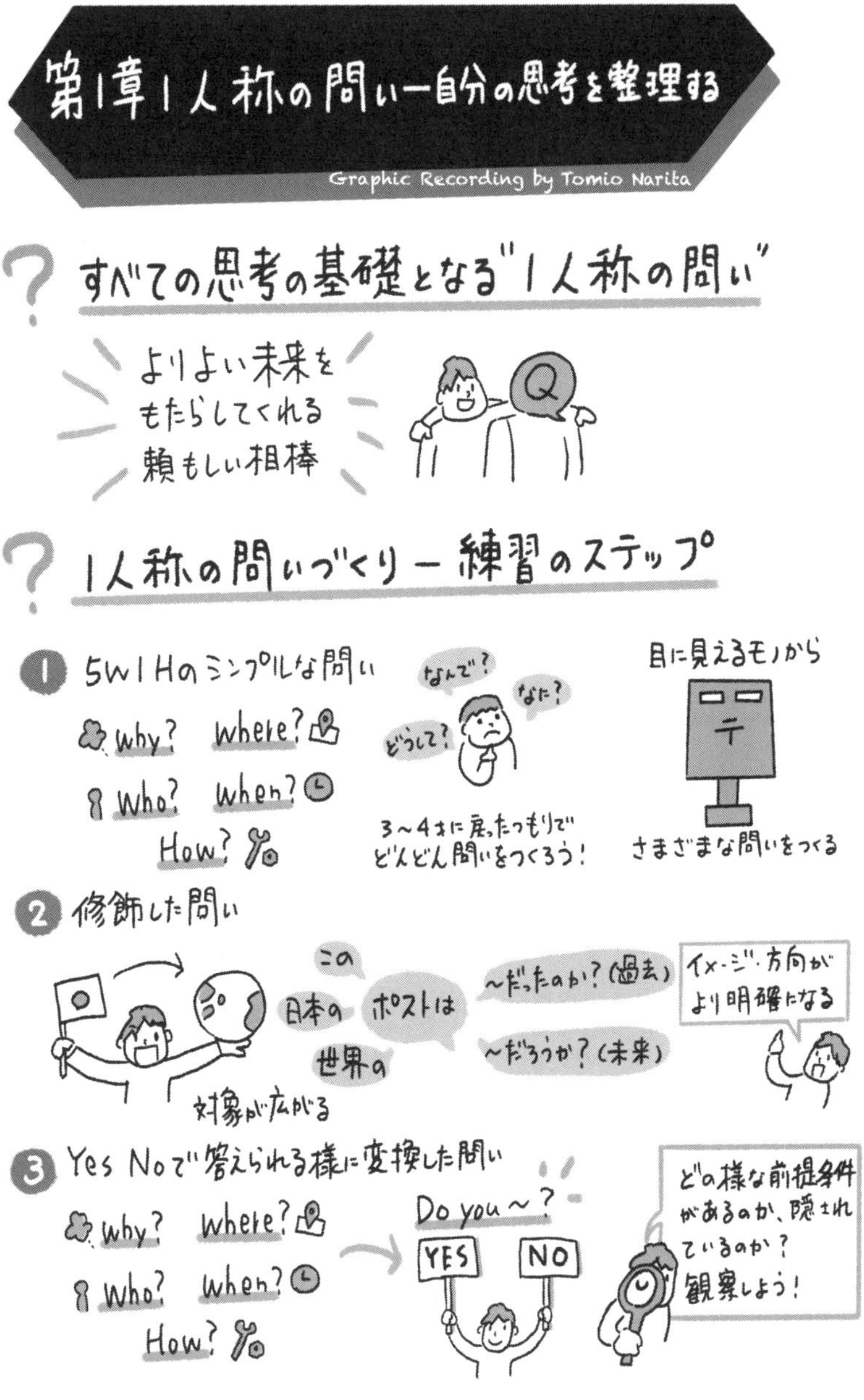
第1章 1人称の問い―自分の思考を整理する
Graphic Recording by Tomio Narita
すべての思考の基礎となる"1人称の問い"
よりよい未来を
もたらしてくれる
頼もしい相棒
Q
1人称の問いづくり―練習のステップ
1 5W1Hのシンプルな問い
why? where?
who? when?
How?
なんで?
なに?
どうして?
3〜4才に戻ったつもりで
どんどん問いをつくろう!
目に見えるモノから
〒
さまざまな問いをつくる
2 修飾した問い
この
日本の
世界の
ポストは
〜だったのか?(過去)
〜だろうか?(未来)
対象が広がる
イメージ・方向が
より明確になる
3 Yes Noで答えられる様に変換した問い
why? where?
who? when?
How?
Do you 〜?
YES
NO
どの様な前提条件
があるのか、隠され
ているのか?
観察しよう!

第 2 章

2人称の問い

——相手の思考を引き出す

相手の情況が最大のポイントとなる「2人称の問い」

あなたは、どのような情況で2人称の問いを必要としていますか？

2人称の問いは**〝相手〟が存在する問い**です。あなたにとっての相手とは、誰ですか？あなたが営業担当者なら、相手はお客さまです。あなたが上司なら、相手は部下、あるいはその逆。あなたがコーチやカウンセラーなら、相手はクライアント、あなたが親なら相手は子どもでしょう。あなたが先生なら相手は生徒。また、場合によっては、相手は〝気になるあの人〟かもしれません。

それでは、そのような相手に対して、どのような情況で問いが必要になるでしょう？まず、あなたがどのような立場であっても、相手から（相手が知っていて、あなたがまだ知らない）情報を引き出したいという情況があるでしょう。特に、その情報をもとに、あなたが何か判断を下す必要があるなら、できるだけ正確な情報が欲しいところです。また、相手があなたのアドバイスを必要としている情況もあるでしょう。この場合、情報として正確というだけではなく、相手の感情やあなたとの関係性などが、さまざまな影響を及ぼしそうです。

営業担当者なら、お客さまに行動をうながしたいという情況があります。先生や親ならば、生徒や子どもの行動を止めさせたいという情況があるでしょう。

相手が〝気になるあの人〟であったら……。さまざまな情報も引き出したいですが、「どこかに一緒に行く」という行動もうながしたくなるかもしれません。しかし、一番求めているのは、多くの会話を通じて信頼関係を築くことでしょう。

いずれも、相手の情況がポイントになります。客観的、あるいは事実としての状況だけでなく、かかわる人の感情や関係性なども含むという意味で情況としています。

これこそが1人称の問いと比べて、2人称の問いが難しい一因です。

答えとして得たいことが、単なる客観的な事実としての状況にとどまるなら、ポストをテーマにして1人称の問いを練習したような、さまざまな5W1Hで事足りるかもしれません。また、問題解決も1人称の問いで提示した5つのステップで機能するでしょう。

しかし、対象がモノやコトではなく、意思や感情を持つ人間であるからこそ、それらを考慮したうえでの問う力が必要になるのです。

1人称の問いで練習したように、相手や相手を取り巻く情況に対して、多くの問いをつくれるということは、そのまま武器になります。

また、問いに修飾語を付け加えて、思考の領域やニュアンスを変化させることも、相手の答えやすさに大きな影響を及ぼします。1人称の問いで身につけた問う力をフルに使いながら、2人称の問いづくりに取り組んでいきましょう。

2人称の問いづくり——練習のステップ

2人称の問いには相手がいます。問いによって、たとえば「あなたは、今日、朝食に何を食べましたか?」のように、問いを投げかけることで、相手から情報を引き出すことができます。

情報という観点で、次ページの図のように整理してみましょう。

問われる側

問う側	知っている	知らない
知っている	A：自分・相手のどちらも知っている	C：自分は知っているが、相手は知らない
知らない	B：自分は知らないが、相手は知っている	D：自分・相手のどちらも知らない

左下の「B：自分は知らないが、相手は知っている」というのは、たとえば「お住まいはどちらですか？」のように、相手が情報を持っているけれど、自分はまだその情報を知らないときに、それを知るための問いです。普通の会話における問いの多くが、このタイプの問いだと思います。

右上の「C：自分は知っているが、相手は知らない」というのは、たとえば「遅刻をなくすにはどうしたらいいと思う？」のように、問う自分には答えがあるけれども、そのことをダイレクトには伝えずに、問いかけることによって相手の口から答えを引き出して、主体的な行動に結びつけたいときなどに活用できるでしょう。

右下の「D：自分・相手のどちらも知らない」というのは、たとえば「卒業旅行はどこに行く？」というように、これから会話によって、その答えを求めようとするものになります。場合によっては、より探究的な問いも含まれるかもしれません。

左上の「A：自分・相手のどちらも知っている」というのは、たとえば「〇〇十カ条とは何か？」というように、すでに自分も相手も知っているはずのものを確認するものが当てはまります。これは疑問文ではありますが、〝答えを求めようとする意図〟はなく、単に確認のためのものだとしたなら、本書における問いの定義には当てはまりません。

ただし、自分がすでに知っている、つまり答えも想定できることから会話を始めて、安全に会話の量を増やしていくという、組み立てに使うことができます。

それでは実際の会話を考えてみましょう。もし「お住まいはどちらですか？」というシンプルな問いを投げたとしても、相手との関係性によっては「そんなこと、あなたに教える必要があるとは思えません」と回答を拒否されてしまうかもしれませんね。

ですから、２人称の問いでは、相手の感情や相手との関係性を考慮する必要があります。

この章では次のようなステップで練習を重ねていきます。

まず、自分も相手も知っていることを問いにしてみます。これは、会話の量を安全に増やすことに役立ちます。

次に相手は知っているが、自分は知らない情報を引き出す問いをつくります。続いて、そのことを詳しく知るための問いをつくります。これは、自分が知りたい情報を得るために役立ちます。しかし、自分が知りたいことと、相手が話したいことは異なる場合があります。信頼関係を築こうとするなら、相手が話したい話題を探り当て、より深く知ろうとする問いが有効です。

さらに、自分も相手も知らない問いとして、まだ言語化や認識されていない、相手の情況を共有する問いづくりにも挑戦します。これは、コーチやカウンセラーなど相手の思考を引き出し、行動に結びつけようとする役割を担う人には、必須の問いでしょう。

2人称の問いの練習の最後は、文脈に依存しない問いをつくります。つい省略している部分を明確にし、相手が戸惑いを起こさない問いを考えましょう。

さて、ここで、会議や授業などでの問いである、3人称の問いのつくり方を学びたい人の中には「1人称の問いのところでもう十分練習したから、2人称の問いはスキップしてもいいかな」という思いがよぎっているかもしれません。

2人称の問いづくり　練習のステップ

❶ 知っていることについての問い

❷ 知らない情報を得る問い

❸ 知らない情報を掘り下げる問い

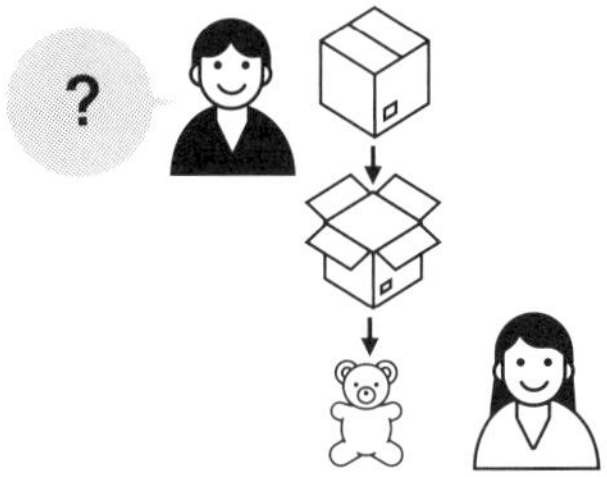

❹ 相手の話したい話題を引き出す問い

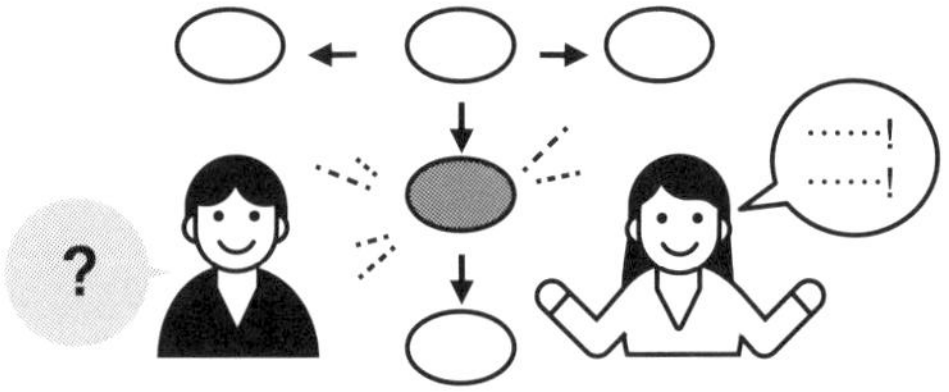

❺ 認識や言語化されていないことを考えさせる問い

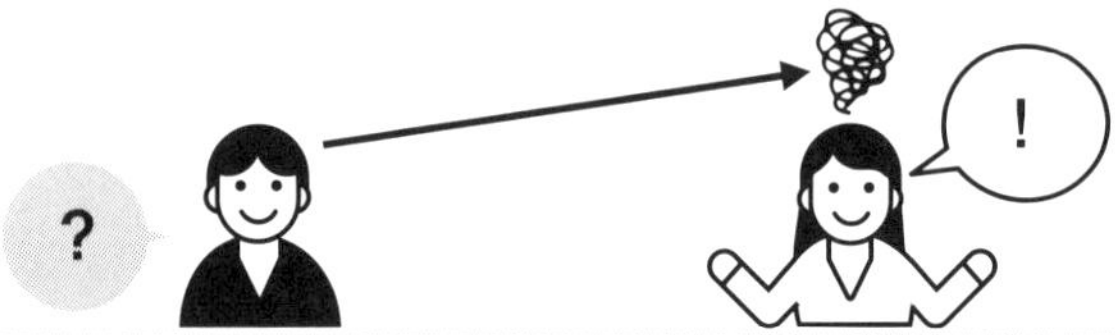

❻ 戸惑いを起こさない明確な問い

実は、3人称の問いが機能しない場面では、問いかけられた側が「何を答えてよいのかわからない」ことが多いのです。その原因は、そもそも主語や述語や疑問詞が省略されすぎて、問いの形として成立していなかったり、一応、文法上はそろっているけれども、言葉の選び方があいまいで、思考の領域をどのように捉えればよいのかわからなかったり、主語や主体が示されないことで、解釈のゆらぎや忖度が生まれてしまったり、参加者それぞれの理由があり得るのです。

一番問題なのは、原因はなんであれ、問いが機能していないことを知るタイミングが遅すぎたり、気づいていなかったりするケースです。それでは、復旧できなくなってしまいます。

2人称の問いは自分と相手の1対1ですから、問いが〝機能しているか／機能していないか〟を観察するのが3人称の問いと比較して容易なのです。また、問いが機能していないと判明したときの軌道修正もしやすいでしょう。まずは、1対1の相手を想定した2人称の問いの練習を繰り返すことで、「この問いでちゃんと機能するだろうか？」「この問いに相手は答えられるだろうか？」と、問いかける前に確認するクセをつけることをおすすめします。

？会話の質と自己開示

２人称の問いでは、相手の感情や相手との関係性を考慮する必要があると説明しましたが、これを会話の中でどのように観察し、調整していけばよいのでしょうか？ここで、会話の質を〝**深度**〟という概念で整理するモデルをご紹介します。

一番上のいわば表層は、〝**表面的**〟なレベルです。日常のあいさつや他愛もない世間話がこの領域に入ります。ご近所や他部署だけれども、顔見知り程度の関係で交わされるような会話のレベルといえます。

２つ目の層は、〝**事実**〟のレベルです。「何が起きたのか？」「何をしたのか？」「結果はどのようになったのか？」といった、情報のやり取りが行なわれるレベルです。通常の仕事などでやり取りされる情報として、最低限必要なものともいえます。

３つ目の層は、〝**感情・認識**〟のレベルです。図では水面下に描かれていますが、事実レベルでは頻繁にコミュニケーションを取る相手でも、それに対して「どのよう

会話の質 ── 深度

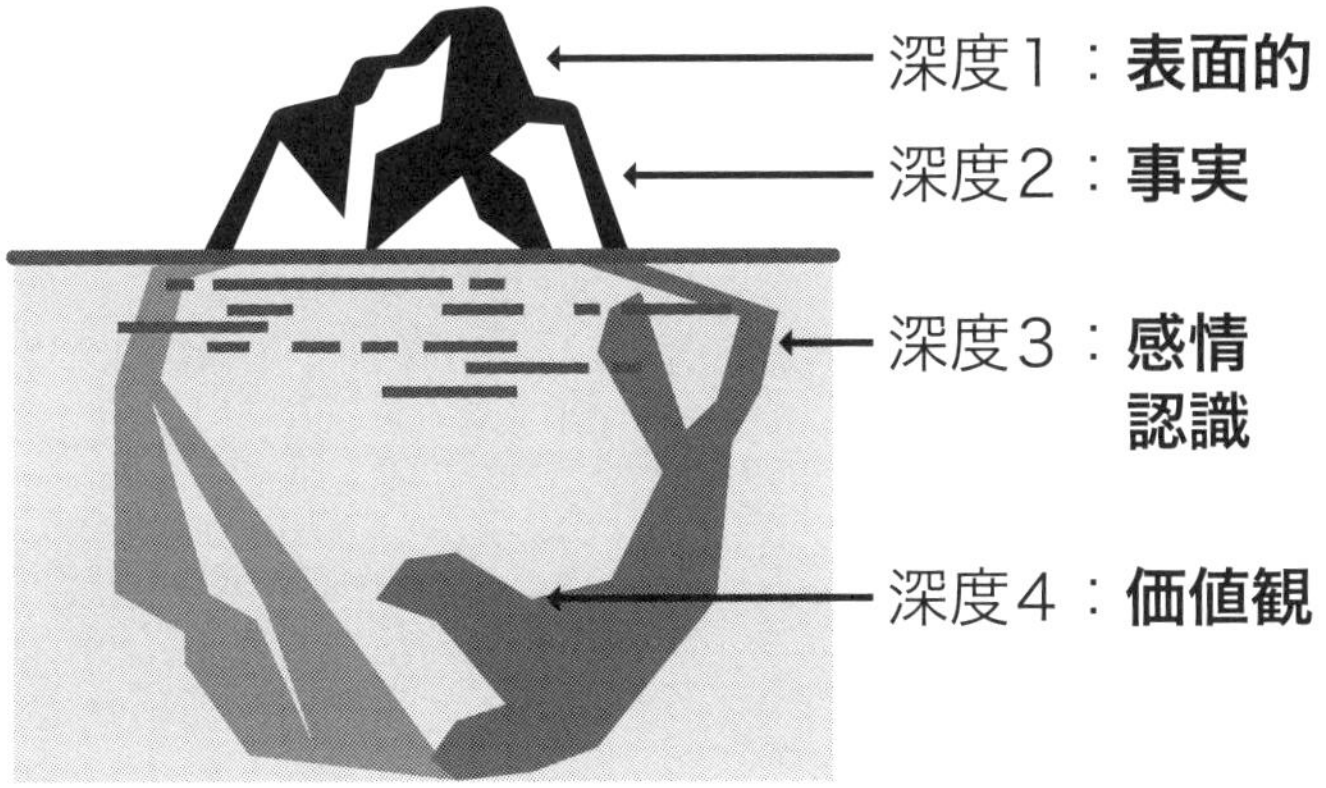

に感じているのか？」「好きなのか／嫌いなのか？」「これからどうしていきたいのか？」などは、共有できていないことが多いものです。

一番奥底の4つ目の層は、**〝価値観〟**のレベルです。価値観は、ある事実に対して、さまざまな感情を引き起こす根源となっています。たとえば、縦割り組織で「他部署への依頼はいちいち上司を通さないと進まない」というルールが存在するとします。そのとき価値観のレベルで「オープンコミュニケーションでフラットな仕事の進め方が最もよい」と考えていたら、このようなルールは「イライラした」感情を引き起こすでしょう。しかし、価値観のレベルで「伝統的なルールは効率化を進めた結果、慣習となっているのだから変えるべきでない」と考えている人はどうでしょうか？　むしろ、このルールから逸脱するような言動が見られたときに、怒りの感情を抱くでしょう。

ただ、残念なことに、人はこのような価値観について、他人とはあまり共有していません。あなたも、あなたの価値観について、深く話したことがある相手というのは、それほど多くはないのではありませんか？

さまざまな会話の内容を観察して振り返るときに、相手（や自分）の会話が、表面的なレベルなのか、事実のレベルなのか、感情・認識のレベルなのか、あるいは価値観のレベルなのかを気にかけることは、とても重要です。

もう少し相手との信頼関係を深めたいと思っている場合に、そもそも事実レベルで、お互いに何も知らなかったら、先に進めませんね。まずは、事実レベルに関する問いから始めるのがよさそうです。たとえば「どちらにお住まいですか？」などは事実レベルの問いの代表的なものです。

しかし、さらに踏み込んだ深い会話を求めるなら、感情・認識のレベルの問いも投げかけてみたいものです。たとえば「今、住んでいる場所は気に入っていますか？」などという問いです。

そのような問いがきっかけとなって、お互いの価値観のレベルの共有ができるような関係になれるかもしれません。たとえば、「本当は、どんな場所に住みたいと思っていますか？」という問いは、相手の価値観が反映された回答が得られる可能性があるでしょう。

ここで注意したいのは、相手にはあなたの問いに対して〝回答しない〟という選択肢があるということです。つまり、そのときの感情や関係性によっては、答えが得られない、つまり問いが適切に機能しないこともあるということです。なぜでしょうか？

自分の情報を明かすということを**「自己開示」**といいます。一般に、会話の質――深度が深ければ深いほど、自己を開示することへの抵抗感は大きくなります。

表面的なレベルの情報に関する問いであれば、聞いてきた相手にそれが知られたところで、あまりリスクがないと考えるのが普通でしょう。

たとえば、旅行者に天気を聞かれ「最近、雨が多いですね」と答える、つまり自分の一般的な認識を開示したとして、そのことを知られても、あるいはそれを否定されても、特に心理的な痛みやリスクなどはありません。

しかし、事実レベルの「私は○○に住んでいます」という情報の場合、その内容が細かくなると、「(ストーキングなど) なんらかのリスクを引き起こすのでは？」と感じる人がいるかもしれません。

また、感情・認識や価値観は、人の深いところに根ざしているため、それを開示して否定された場合、心が傷つくかもしれないと考える人が多いでしょう。

このような相手が感じるであろう不安を理解して、感情や関係性の問題を解決していかないと、問いが機能しないということが起こってしまうのです。

したがって2人称の問いを考えるときには、この会話の質――深度を常に心に留めておく必要があるのです。

？ 自分が知っていることをあえて問うことで会話の量を安全に増やすための問いをつくろう

「ザイアンスの単純接触効果」という心理学の実験結果があります。簡単に説明すると、**〝人は、多く会えば会うほど、相手に好意を抱く〟**というものです。

そもそも、好意や敵意という感情は、自分にとって相手が安全／危険か、味方／敵かを見定める過程で生まれます。ですから、よくわからない相手には警戒して敵意を抱き、相手のことがよくわかってくるにしたがって、安心して好意を抱くようになるのは、自然のことです。

これを会話に置き換えると、会話の量が増えれば、信頼関係が増す可能性が高まるということになります。「会話の量」と言っても、〝どちらかが一方的に話す〟というのではありません。お互いに同じくらい話すか、できることなら相手が少しだけ多めに話すくらいの心持ちで、情報交換が行なわれるというのが理想的です。相手にたくさん話してもらうには、問いかけることが効果的です。

最初のうちは、相手が自己を開示することに抵抗を感じない話題、しかも相手が話しやすい話題がよいでしょう。

ところが、初対面や、それほど親しい間柄でない場合、「何が自己開示に抵抗を感じない話しやすい話題なのか」は、見定めにくいものです。

ここで活用できるのが自分がすでに知っていることに関しての問いなのです。

たとえば、その人と共通の知り合いから「あの人は高校のときに吹奏楽部で一緒だった」という情報を得ていたら「○○さんとは同じ高校だったとうかがっていますが、部活は何をやられていたのですか？」というのが、自分がすでに知っていることに関しての問いです。

よほどのことがない限り「ああ、吹奏楽部だったんですよ、○○さんと一緒にコンクール金賞を目指してました」などと答えが返ってくるでしょう（もちろん、吹奏楽部について話したくないということはないか、共通の知り合いとの話から察しておく必要はありますが）。

その答えを聞いてからさらに「楽器は何を演奏していたのですか？」という、まだ知らない情報についての問いを続けたり、それほど音楽には詳しくなければ「どんなきっかけで吹奏楽部に入られたのですか？」という問いに展開することもできるでしょう。

また、営業活動での初期訪問などでも、事前に会社情報を調べておいて、その会社が最近△△というサービスをスタートさせて好評だという情報を得ていたら、「最近始められた△△の立ち上がり具合はいかがですか？」などと問うことができます。もちろん答えは「おかげさまで、なかなか好評ですよ」ということになるでしょう。

ここで、「高校時代、○○さんと吹奏楽部でご一緒だったそうですね」あるいは「△

△の立ち上がりは好評だそうで」と単に伝えることもできますが、そうすると「はい」で終わってしまうかもしれません。これでは、相手は全然話していませんね。

このように、自分の知っていることを、あえて問いの形にして相手に投げかけることにより、会話の量を安全に増やすことができます。

それでは、自分が知っていることを、問いの形にして投げかける練習をしてみましょう。

初めは例文を機械的に問いにしてみましょう。そして、その次に実際の知り合いに関してすでに知っている情報を念頭に置いて、それを問いにしてみましょう。

練習2-1：どんな問いがつくれますか？

ねらい：すでに自分が知っている情報をもとに問いを投げかけることで、会話の量を安全に増やせるようになる。

やりかた：次ページの表の左の欄の「情報」をもとに、問いをつくってみましょう。

すでに知っている情報	左記の情報をもとにした問い
〈例〉次の休みには沖縄に行く	〈例〉次の休みにはどこに行きますか？　（次の休みにはどこに行くんでしたっけ？）
〈例〉兄弟は弟が1人いる	〈例〉兄弟はいますか？
ラーメンが大好物である	
母校が全国大会で優勝して喜んでいる	
最近株価が大きく上がった	
ビジネスの主軸はソリューション販売に移行しつつある	

あなたの知り合いについて「すでに知っている情報」を左の欄に書き出して、それを問いにしてみましょう

知り合いについて すでに知っている情報	左記の情報をもとにした問い

？相手から自分が知らない情報を得るための問いをつくろう

普通の会話で問いを使うときは、ほとんどの場合「自分が知らない相手の情報」を得たいときです。初対面なら、相手がどんな人なのかを知るために、プロフィールや普段何をしているのかなどを答えてもらう問いを使うでしょう。

また、営業担当者なら、一番聞きたいのは取引先の今年度の予算でしょうか。コーチやカウンセラーなら、クライアントの周りで起こっている事実だけでなく、感情面も知る必要があるでしょう。相手が憧れの人なら、好きなことや嫌いなこと、なんでも知りたいと思うかもしれませんね。

さて、このような問いをつくるための要素は2つです。**〝何を問うのか〟**と、**〝どう問うのか〟**です。何を問うのかで必要となるのは、知りたいことそのものです。**何が知りたいのかがわからずに、問いをつくることはできません。**

そして、どう問うのかは、どのような言葉や言い回しで問うかです。たとえば、相手の年齢が知りたいときに、「（あなたの）年齢は何歳ですか？」とそのままの言葉を使うこともできますが「（あなたは）おいくつですか？」という言い回しも考えられます。少し変化球ですが「何どし生まれですか？」と干支《えと》を聞くのも選択肢の1つになり得るでしょう。

どのような問いかたが適しているかは、相手との関係性や会話の流れ、あるいはその場の雰囲気などによって変わってきます。直接的な問いを投げてしまったほうが、相手も気負いなく答えられる場合もあるかもしれませんし、丁寧な問いかたがふさわしい場合もあるでしょう。

ここで大切なのは、同じ情報を得るためにさまざまな問いかたができることです。いくつもの問いかたを考え出すことができれば、あとはTPOに応じて最も適しているると思われる問いを選べばいいだけです。

ですから、ここではできるだけ多くの知りたいことを挙げるということと、その1つ1つに3つ以上の異なる言い回しの問いかたを考えてみることを練習していきましょう。問う相手には、具体的な人をイメージしてもよいですし、一般的なお客さまなどでもよいでしょう。まずその相手について知りたいことをできるだけ多く（最低10個以上が目安）挙げて、それから問いをつくっていくというやりかたでもOKです。

逆に、1人称の一番初めの練習のときのように、「問いかた1」のところに5W1Hの問いをたくさん書いてしまってから、その問いに対応する知りたいことを書き、それぞれについて残り2つの問いを考える、という順番でもよいでしょう。

ここでも、よい問いや適切な問いを求めず、とにかく「そんな言い方はしないよなあ」というようなものも含めて、できるだけ多くの問いを書いてみましょう。

練習2－2：どんな問いがつくれますか？

ねらい：「自分が知らない相手の情報」を得るための、さまざまな問いの選択肢を得られるようになる。

やりかた：まず、次ページの表の「知りたいこと」、または「問いかた1」の欄を縦に埋めて（最低10個以上が目安）から、1行ずつ異なる言い回しの問いかたを書き出してみましょう。

知りたいこと	問いかた１	問いかた２	問いかた３
〈例〉年齢	〈例〉（あなたの）年齢は何歳ですか？	〈例〉（あなたは）おいくつですか？	〈例〉何どし生まれですか？

? 知らない話題を掘り下げるための問いをつくろう

1on1という上司と部下の個人面談を定期的に行ない、部下育成に活用している企業が増えています。こうした面談を行なう上司の皆さんから、「自分の知らない話題が出ると、話が続かなくて困る」という話をよく聞きます。

たとえば、週末に中部地方に出かけたというところまで話が進んで、「どこに行ったのですか？」という問いを投げかけて、「いちご狩りです」くらいの返答があれば、「おいしかったですか？」などと話を続けることができるでしょう。

しかし「いや、太刀《たち》を見に神社に行ったんです」という返事だったらどうでしょう。ちょっと困惑してしまう人も出てきそうです。

困った挙句に「そうですか。私は……」と自分の話をしはじめてしまったら、そのあと相手の話を聞くチャンスが失われてしまいますね。

こんなとき「太刀の見どころって、どのあたりなんですか？」と、さらに詳しい説明を求める問いを投げかけることもできそうです。「太刀」が聞き取れなかったとしても「ちょっと、よく聞き取れなかったのですが、何を見に行ったのですか？」と、それ自体を問いにしてしまってもよいでしょう。

ところが多くの場合、人は〝自分の知らない話題〟が出たときに、それはもう本能的にといってもよいほどその話題を避けたがります。なぜでしょうか？

主な理由は2つあって、1つは単純に**〝知らない＝怖い〟**からです。知らない場所は、どこにどんな危険が潜んでいるかもしれませんから怖いですね。それと同様に、知らない話題は、会話の中にどのようなリスクが潜んでいるかわかりません。

もう1つは**〝自分がその話題を知らないことを、知られたくない〟**と無意識に思っているからです。

「聞くは一時の恥、聞かぬは一生の恥」ということわざがありますね。日本では、そもそも聞く（問う）ことは、たとえ一時であったとしても恥として教えられていて、それが刷り込まれているのです。

日本では上司・部下といった上下関係がある場合、「上司はすべての面において部下よりも上で、教え導かなくてはならない」という信条を持っている人がいます。そのため、ますます「知らないことは恥だ」という認識が強くなってしまうのです。

このようなリスクを感じてしまう気持ちを理解したうえで、あえてリスクテイクする練習をしてみましょう。

反射的に「ところで、その○○ってなんですか?」という問いが口から出るようになったら、しめたものですね。

練習2-3:どんな問いがつくれますか?

ねらい:自分の知らない話題が出たときに、臆せず問えるようになる。

やりかた:次ページの表の左の欄にニッチな「話題」が書かれています。「それは何かを聞いてしまう問い」と、「詳しく情報を知ろうとする問い」を書き出してみましょう。

話題	それは何かを聞いてしまう問い	詳しく情報を知ろうとする問い
〈例〉太刀を見に行く	〈例〉タチってなんですか？	〈例〉太刀のどのあたりが見どころですか？
クィディッチの練習に行く		
オニオオハシに会いに行く		
ゆらゆら帝国の復活ライブに行く		
アブラボウズをついに食べた		
オオオニバスに乗った		
SAOの聖地を巡った		
イヌカレーの個展に行った		

信頼関係を築くために、相手の話したい話題を引き出す問いをつくろう

問いを垂直と水平の2つに分類することがあります。

垂直というのは「話題を掘り下げる問い」とも言い換えられ、ある事柄をさらに詳しく知ろうとする問いです。たとえば、「休みの日に映画を見に行った」という情報があったときに「何を見たのか？」「心を動かされる作品だったのか？」「なぜ心を動かされたのか？」などが、これに当たります。

一方、水平というのは話題を変える問いです。「話題を変える」といっても、ある程度の関連性を持たせながら話題を変えていくのが自然な流れです。

たとえば、「休みに映画を見に行った」という情報があったときに、「次の休日も映画を見るのか？」や「休日はほかに何をするのか？」などが、これに当たります。

「ある程度の関連性」には、さまざまな距離感があります。たとえば、「次の休日も映画を見るのか？」などは、かなり関連性が高いと言えますが、「休日はほかに何を

するのか？」という問いだと、相手によっては、ずいぶん話題が変わったなと感じるかもしれません。

相手の話したい話題を引き出すためには、この垂直と水平の２つの問いをうまく使い分ける必要があります。一般的には、ある話題が出たときに垂直の問いを投げかけ、相手が話に乗ってきて詳しく話しはじめたら、それが〝相手の話したい話題〟と判断し、さらに垂直の問いを投げかけて感情や価値観までの情報を得ます。

そうでなかったら、いったん水平の問いを投げかけて少し話題を変えてから、再び垂直の問いを投げかけて相手

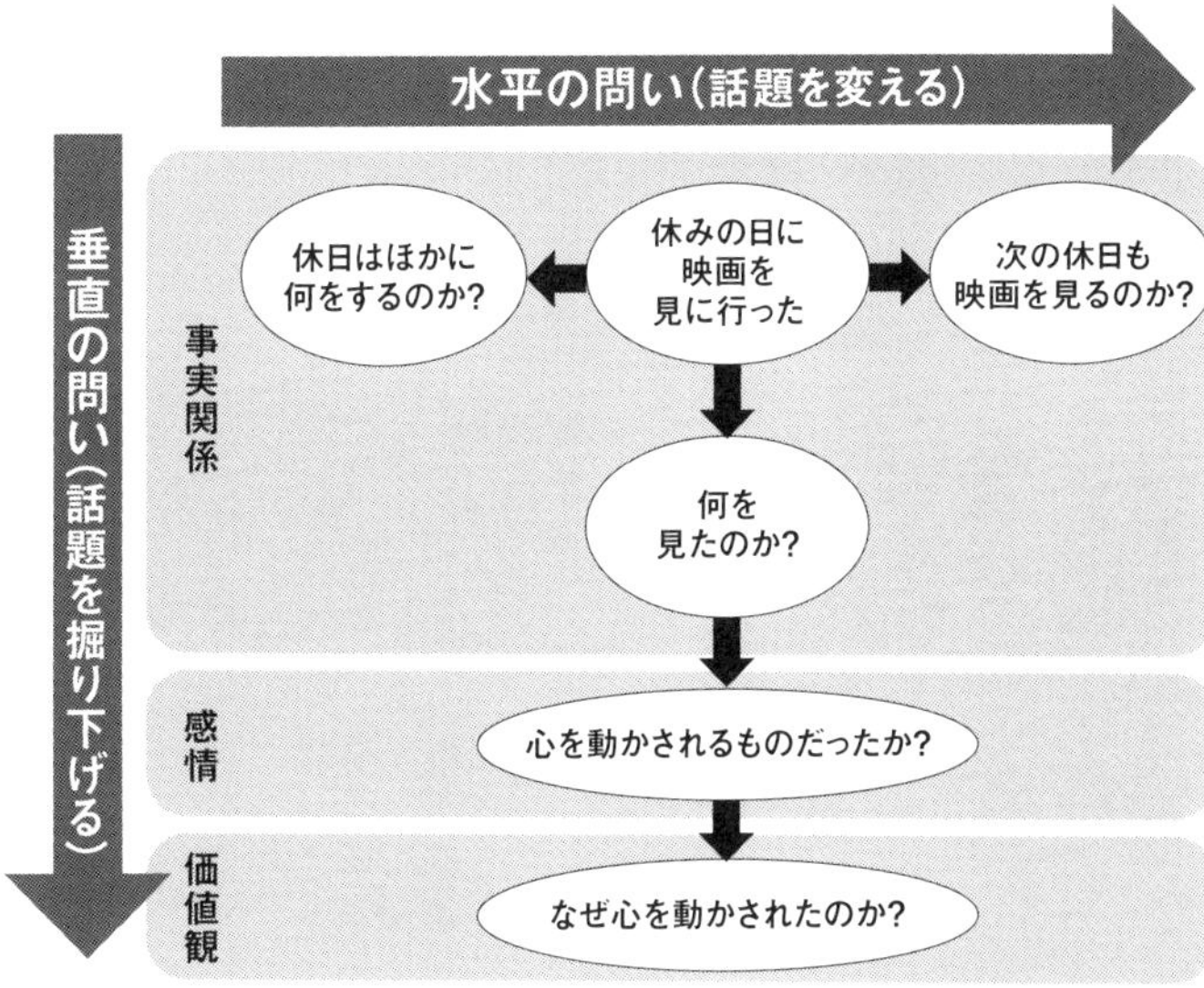

水平の問い（話題を変える）
垂直の問い（話題を掘り下げる）
事実関係
感情
価値観
休日はほかに何をするのか?
休みの日に映画を見に行った
次の休日も映画を見るのか?
何を見たのか?
心を動かされるものだったか?
なぜ心を動かされたのか?

の回答をうかがうという流れになるでしょう。

このように垂直と水平の2種類の問いを使い分けて、相手の話したい話題について詳しく聞いていくということは、なぜ信頼関係を築くうえで重要なのでしょうか？

まず思い出したいのは、「ザイアンスの単純接触効果」です。相手に「今日はたくさん話したなあ、あの人だから話せたのかな」と思ってもらえたら、だいぶ親密になった感じがしますよね。

さらに会話の質――深度で考えてみましょう。単に事実ベースでいろいろ話しただけでなく、そのときの感情や、価値観のレベルまで話が進んだら「こんな話ができるのはあの人だけだ」と感じてもらえるかもしれません。

仕事でも、プライベートでも、このような信頼関係を築くのに、問いは大いに役立つのです。

それでは、垂直と水平の2種類の問いをつくる練習をしてみましょう。ここでは、ある情報に対して垂直の問いと水平の問いをそれぞれ2つつくってみましょう。

可能であれば、垂直の問いの1つは事実を掘り下げる問いにして、もう1つは感情に焦点を当てる問いにしてください。一方、水平の問いの2つは、元の情報との関連性の距離感を変えたものにするとよいでしょう。

練習2－4：どんな問いがつくれますか？

ねらい：垂直と水平の2種類の問いを使い分け、相手の話したい話題を引き出して、信頼関係を築く。

やりかた：119ページの表の左の欄に会話の中で出た「情報」が書いてあります。その情報をもとに「垂直の問い」を2つ、「水平の問い」を2つそれぞれつくってみましょう。

水平の問い1（関連性：近い）	水平の問い2（関連性：遠い）
〈例〉今日は何時に起きたのですか？	〈例〉昼食には何を食べたいですか？

情報	垂直の問い1 （可能なら事実について）	垂直の問い2 （可能なら感情について）
〈例〉今日は朝食を食べた	〈例〉何を食べましたか？	〈例〉朝食を食べて、どんな気分でしたか？
先週末に映画を見に行った		
やっとひと仕事終えた		
道を間違えて友だちを30分待たせた		
地区大会でベスト8まではいけた		
英語のテストで85点とった		
お年玉を意外に多くもらえた		

水平の問い1（関連性：近い）	水平の問い2（関連性：遠い）

思いつく日常の出来事を書き出し、それを問いにしてみましょう

情報	垂直の問い1 （可能なら事実について）	垂直の問い2 （可能なら感情について）

？ 2人称の問いで主語や主体を明示しないリスク

たとえば、上司が部下に自社製品の売上推移に関する問いを、次のように投げかけたとします。このとき部下はどのような印象を受けるでしょうか？　想像してみてください。

A：最近、〇〇がよく売れるようになった理由って、なんだと思う？

B：最近、〇〇がよく売れるようになった理由って、あなたはなんだと思う？

Aでは、主語や主体が明示されていません。Bでは「あなたはなんだと思う？」と、主語を明示しています。

上司・部下の関係性にもよりますが、Aを投げかけられた場合、自分視点で理由を考える人もいれば、中には「上司はもう正解を持っていて、それを当ててほしいのかな？　なんと答えればいいだろう？」と、上司の中にある（と思われる）正解を探しはじめる人もいるかもしれません。このように、**主語が明示されていないことにより、“忖度《そんたく》が始まる”というリスク**が生じるのです。

もし「理由はいろいろあると思うけれど、今あなたはどう分析するのか？」と意見を聞きたいという意図がある場合は、主語や主体を明示するとよいでしょう。さらに「忖度は期待していないよ。あなたが自分で分析した意見を聞きたいんだ」と補足して伝えると、さらに正確に伝わるでしょう。

学校でも似たようなことが起きそうです。たとえば、先生がある生徒を指して、次のような問いを投げかけたとします。

A：地球温暖化が止まらない根本的な原因は、なんだと思いますか？
B：地球温暖化が止まらない根本的な原因について、あなたはなんだと思いますか？

先ほどと同様に、これも普段の先生と生徒の関係性によりますが、Aの場合は、「先生が期待している答えはなんだろうか？」というスイッチが入る可能性があります。

もし事前に課題として、専門家のインタビュー記事を読んだり、ビデオを見たりしているという状況で、知識の確認を意図した問いならどうでしょう？　その場合は、主語や主体を明示しないAの問いを投げかけるかもしれません。しかし、このとき先生の目的が知識の確認であれば、「記事中で、専門家は、原因はなんだと言っていましたか？」と「専門家」と主語や主体を明示したほうが混乱しないでしょう。

一方で、「記事やビデオの中でさまざまな原因が示されたが、あなたは、何が根本的な原因だと思っているのか？」を問いたい場合は、「あなたは」と主語や主体を明示しないと、**問いの意図や狙いが正確に伝わらないリスク**があるのです。

1人称の問いでは、「主語や主体を明示することで、思考の領域が明確になる」とお伝えしました。2人称の問いでは、相手に問いかける目的を踏まえ、主語や主体を明示しましょう。

まだ認識や言語化されていないことを気づかせる問いをつくろう

人には〝問われて初めて意識すること〟や、〝問われて改めて考えること〟があります。たとえば、1人称の問いにおけるリサーチ・クエスチョンなどの探究の問いがこれに当たるでしょう。

ここからは、91ページの情報という観点で整理した図のうちの、「自分は知っているが、相手は知らない領域」と、「自分・相手のどちらも知らない領域」に関する問いについて考えてみましょう。

まず、「自分は知っているが、相手は知らない領域」については、問いを使わずにあなたが情報を伝えるだけの〝指摘〟でもよいはずです。そうすると、この領域であえて問いを使うメリットはなんでしょうか？

メリットは3つあります。

1つ目は、「自分は知っている」と思っていることが間違っていた場合に、修正できるということです。仮に、思い込みで指摘してしまったことを間違えたままにしていたら、お互いに不幸なことになりますね。

2つ目は、相手に考える機会や、思い出す機会を与えられることです。これは3つ目のメリットにもつながります。

3つ目は、考えたり、思い出したりした内容について相手に話をさせることで、本人の納得度を高められるということです。自分で考えたり、思い出したりして、自分で話したことは、自分で否定することはできません。自分で口にしたことだからこそ、納得せざるを得ないものとなります。

まずポジティブな例から解説していきましょう。

たとえば、子どもが縄跳びで初めて20回以上跳べたとします。

「すごいね！　何回飛べた？」というのは事実を確認する問いです。この段階では、自分も相手も知っている情報ですね。このとき、感情を共有したいなら「今、どんな気分？」という問いを挟むのもよいでしょう。さらに「なんで、こんなに飛べたのかな？」という問いは、次も20回以上跳べるように、ぜひ共有しておきたいところです。

「最後までがんばった」「慌てないでゆっくり回した」「縄をよく見て跳んだ」など、さまざまな答えが返ってくるでしょう。それは側で見ていたあなたも知っていることです。ここでその答えに対して「そうだね。最後までがんばったね。次もがんばれるかな？」とさらに問いを続ければ「うん、次もがんばる」という答えが返ってきそうです。

問いではなく「すごいね！　25回も跳べたよ、がんばったね。次もがんばろう！」と単に伝えるという選択肢もありますね。このように言われただけの場合と、自分で「25回だった！」「やったね！って感じ」「最後までがんばった」「うん、次もがんばる」と子どもが自分で口に出したのとでは、どちらが次の成果につながりそうでしょうか？

改善点がある場合も同様です。

今度はビジネスのケースで考えてみましょう。部下の1人が、プレゼンテーションで失敗してしまいました。どうやら準備時間が足らなかったように見受けられます。

そこで「自分では、今日のプレゼンは何点くらいだったと思う？」と問いかけたとしましょう。すると、部下は「本当はこれくらいやりたかったのに、あれもこれもできなかったなあ」ということを思い出しながら「65点ですかねえ」などと答えるでしょう。ここで初めて認識が言語化されました。

続けて「どのあたりが35点のマイナスだったのかな？」と問われたら、もう少し細かい振り返りをしてくれそうです。「パソコンばかり見ていて、全然、前を見て話せませんでした」「資料も字ばかりで見にくかったと思います」「最後は時間切れで、全部伝えられませんでした」など、さまざまな答えが返ってくることでしょう。

さらに、次につなげるために「なぜ、そうなってしまったのかな？（自分ではどう考えているのか）」という原因を聞く問いを投げてみましょう。

すると、次のような答えが返ってくるでしょう。

「準備時間が足りなかったと思います。見積もりが甘かったというか……」

もう少し問いを投げてみましょう。

「今回のプレゼンの長さは？」
「20分です」
「じゃあ、20分のプレゼンを準備するのに、どのくらい時間をかけたらよかったと思う？」
「2時間、くらいですかね」
「つまり、20分の何倍かな？」
「6倍です」

こうなれば、次のプレゼンでは、自分の答えた「プレゼンの6倍の時間を最低かけて準備する」ようになるということが期待できそうです。

このとき、次のように指摘しただけではどうなるでしょうか？

「今回のプレゼンは65点。パソコンばかり見ていて、前を全然向いてない。準備時間が足りなかったからそうなったんだ。次回は最低でも、プレゼンの6倍くらいの時間をかけて準備するように、以上」

これでは最悪の場合、「プレゼンに失敗した」という印象だけが残ってしまい、今後はできるだけプレゼンをしないで済むように考えるかもしれません。

まだ認識や言語化されていない、相手の情況を共有する問いというのはコーチングやカウンセリングのときに多く使われるものです。これは、このように日常生活やビジネスでも役に立つものなのです。

それでは、いくつか練習してみましょう。ここでは、まず、共有したい情況をピックアップしてください。それに対して、事実を確認する問いを1つ、そして感情や認識に関しての問いを2つつくってみましょう。

練習2－5：どんな問いがつくれますか？

ねらい：まだ言語化や認識されていない、相手の情況を共有する。

やりかた：次ページの表の「共有したい情況」をピックアップしてください。それに対して、「事実を確認する問い」を1つ、そして「感情や認識に関しての問い」を2つつくってみましょう。

共有したい情況	事実を確認する問い	感情や認識に関しての問い1	感情や認識に関しての問い2
〈例〉子どもが初めて縄跳びで25回も跳べた	〈例〉すごいね！何回飛べた？	〈例〉今、どんな気分？	〈例〉なんで、こんなに飛べたのかな？
〈例〉部下がプレゼンで失敗してしまった	〈例〉今日のプレゼンは何点くらいだったと思う？	〈例〉どのあたりが35点のマイナスかな？	〈例〉なぜ、そうなってしまったのかな？（自分ではどう考える？）

？事実や価値観に目を向けさせるために

2人称の問いを華麗に使いこなす仕事の1つに、コンサルティングがあります。コンサルタントは問いを使って、今起きていることを白日の下にさらし、さらに隠れた原因を突き止め、根本的な解決策に導きます。ところが、「今起きていることや感じ方をそのまま認識する」、あるいは「思い出す」というのは、思いのほか難しいものです。

心理学のチャブリス博士とシモンズ博士は、「見えないゴリラ」という有名な実験を通して、「人は問われることによって初めて目の前の事実を認識できる」ということを示唆しました。

被験者は、ある動画を見てから質問に答えるように言われます。

動画の内容は、若者6人が白と黒のシャツの2チームに分かれて、各チーム内でボールをパスし合うというものです。そして、被験者は白シャツを着たチームのパスの回数を数えるように言われます。

動画が始まってしばらくすると、突然ゴリラ（の着ぐるみを着た人物）が画面内に登場し、一瞬立ち止まったのち去って行きます。

動画が終わったあと、被験者は「白シャツを着たチームのパスの回数は？」という問いに続いて、「あなたはゴリラを見ましたか？」と問われるのです。

ところが、画面の真ん中にゴリラがはっきりと映っていたにもかかわらず、約6割の被験者が「そんなものがいたのか？」と、ゴリラのことを認識すらしていませんでした。白シャツを着たチームだけに意識が向いていたということなのでしょう。

このように、**人は自分の意識が向いているものしか認識していない**からこそ、問いが重

要になってくるわけです。そして、それをしっかりと使いこなせる人が、プロと呼ばれるのです。

発展途上国支援などの国際協力コンサルタントである中田豊一さんは、このような事実に目を向けさせる問いを使って、さまざまな事象を明らかにし、認識を共有する対話を『メタファシリテーション（対話型ファシリテーション）』としてまとめました。

ここで活躍するのは5W1Hの中でも、WhyとHowを除いた、When、Where、Who、Whatの4つです。つなげると「いつ、どこで、誰が、何を（した、見た）」を明らかにしていこうということになります。

中田さんが支援する現地の人たちは「子どもたちの下痢が多くて……」と困っていました。その困りごとに対して、いきなり「なぜ」を問い、「どのように」解決するかを検討した結果、「きれいな水がないから」「井戸を掘る」という支援を中田さんは行ないました。

ところが1年後、その井戸はまったく使われていなかったのです。こんな経験から、対話型ファシリテーションは生まれたそうです。

つまり、「子どもたちの下痢が多い」という表明に対して、まったく事実を確認せず、いきなり「なぜ」を問いかけた結果、実際にはあまり必要のないものを作ってしまったわけです。

このとき、実際にここで指している子どもたちが「どこ」の「誰」で、「いつ」下痢になるのかなど、事実を明らかにする問いを投げかけることができたらどうでしょう？　「下痢が多い」のはこの周辺ではなく、山向こうの集落のできごとのことを指していたかもしれないのです。

途上国支援でなくとも、このＷｈｙを使わず、Ｗｈｅｎ、Ｗｈｅｒｅ、Ｗｈｏ、Ｗｈａｔで問いを投げかけるアプローチは有効です。

「なぜ」という問いは、人々の感じ方や価値観を探ったり、原因分析によって効果的な改善策を見つけたりする場面では、非常に有効です。しかし、問われた側がまだ明確に言語化できていなかったり、その答えに当たる情報を正確に持っていなかったりする情況では、うまく機能するとは限りません。こんなときに、Ｗｈｅｎ、Ｗｈｅｒｅ、Ｗｈｏ、Ｗｈａｔで問いを投げかけるアプローチを思い出してみましょう。

たとえば「あなたが日常で感じる幸せってなんですか？」という問いに「パンの匂いがするときに幸せを感じる」と答えた人がいたとしましょう。いきなり「なぜパンの匂いで幸せを感じるのか？」と聞かれても、明確な理由が思い当たらない場合は「なぜと聞かれても困るなあ……」というのが、正直な感想になってしまいそうです。こんなときにも、次のような問いかけができたら、その人の感じ方についてもう少し詳しく知ることができるでしょう。

・いつ、パンの匂いで幸せを感じるのですか？　朝ですか？
・どこで、幸せの匂いを感じるパンを食べるのですか？　家ですか？　お店ですか？
・「パンの匂いがすると幸せ」という気持ちを共感してくれそうな人は、あえて言うなら誰ですか？
・その匂いから、何を連想したり、思い出したりして「幸せ」と感じているのですか？

同じように「なんでまた忘れ物したの？」や「なんでできないの？」というWhyの問いかけも、「その理由がわかっていたら、もっと早く改善できているよ」というのが本音でしょう。このような場面で「なぜ」を繰り返しても、その問いは機能しそうもありません。

忘れ物なら「どんなときに忘れ物をするのか」「忘れないときはないのか」「何を忘れやすいのか」「その違いは何か」などを問えば、もしかすると具体的な解決策につながる原因に迫れるかもしれません。

このように、つい使ってしまう「なぜ」を封印することで、より事実や価値観に目を向けさせ、それらを共有できる場面もあるのです。

Whyと問うことで、解決するのか？

・なんで、また○○したの？
・なんで、まだできないの？

たとえば、指示した仕事がなかなか完了しない部下、忘れ物を繰り返す子どもや生徒に対して、こんな問いをあなた自身が投げかけたり、あるいはそんな会話がなされている場面に遭遇したりすることはありませんか？

このようなＷｈｙを使った問いかけは、形式としては原因を問うています。しかし、その相手は、「なぜ、わたしは○○してしまったのだろう？」とか「なぜ、わたしは○○できないのだろうか？」と原因を考えたり、その原因を答えてくれたりするでしょうか？

マナーの領域で、「使ってはいけない４Ｄ言葉」というのがあります。４つのＤは「だって」「でも」「だから」「どうせ」だそうです。確かに、なんだか感じの悪い返答になりそうですね。しかし、冒頭の２つの問いは、むしろこの４つのＤを誘っているようにも思えます。いかがでしょうか？

一方で、課題を分析するのに「Ｗｈｙを5回繰り返しましょう」というトヨタ式の５Ｗ１Ｈ（Ｗｈｙを5回繰り返し、原因を深く探ってから、最後に「それではどうする？」とＨｏｗを問う）は、多くの企業で実践されています。

つまりＷｈｙが機能する場合と、まったく機能しない場合があるのですが、その差はどこから来るのでしょうか？　表面的には言い方に差がありそうです。しかしそれでは、その言い方の差はどこから来るのでしょうか？　もう一度、この問いを見てみましょう。

・なんで、また○○したの？
・なんで、まだできないの？

問う側は、本当にその答えを求めているのでしょうか？　単に「もう○○するな！」という禁止をしたいだけ、「早く○○しろ！」という最大級の催促をしたいだけではないでしょうか？　場合によっては、それすらもなくて「○○する（まだしない）あなたに私はイライラする」という感情をぶつけているだけのこともありそうです。これは、すでに本書でいう「問い」ではありませんね。

そして、問われた相手は、問う側の隠された意図や心情を忖度して答えます。「……すみません」この問答からは、真の問題解決の糸口は見えてこないでしょう。

実は、トヨタ式を実践している多くの企業で大切にしていることは、誰かのせいにしないで、その情況を**システムや関係性として捉える**ということです。もう少し説明しましょう。

たとえば、「ダイエットのために食事の量を極端に減らす」↓「イライラする」↓「空腹をガマンできずに間食する」↓「体重は減らないので、さらに食事を減らす」↓「もっとイライラする」が単純なシステムです。

「上司が怖い／部下が自分から報告しないのでイライラしているので報告が遅れる／事態が悪化してから発覚するので、さらに怒る」というのが関係性も含まれるシステムです。

システムで捉えて、さまざまな問題の解決を図るアプローチのポイントの1つは「人は完璧ではない」ということを受け入れるということです（正確には、「人は完璧でなくてはいけない」という前提を疑うです）。これを〝あり方〟と呼ぶ人もいます。

・なんで、また○○したの？

・なんで、まだできないの？

このあり方の上では、このように問いかけている〝私〟もシステムの一部であり、原因の1つであると考えるのです。そうすると、おのずと問いのニュアンスも変わってきませんか？

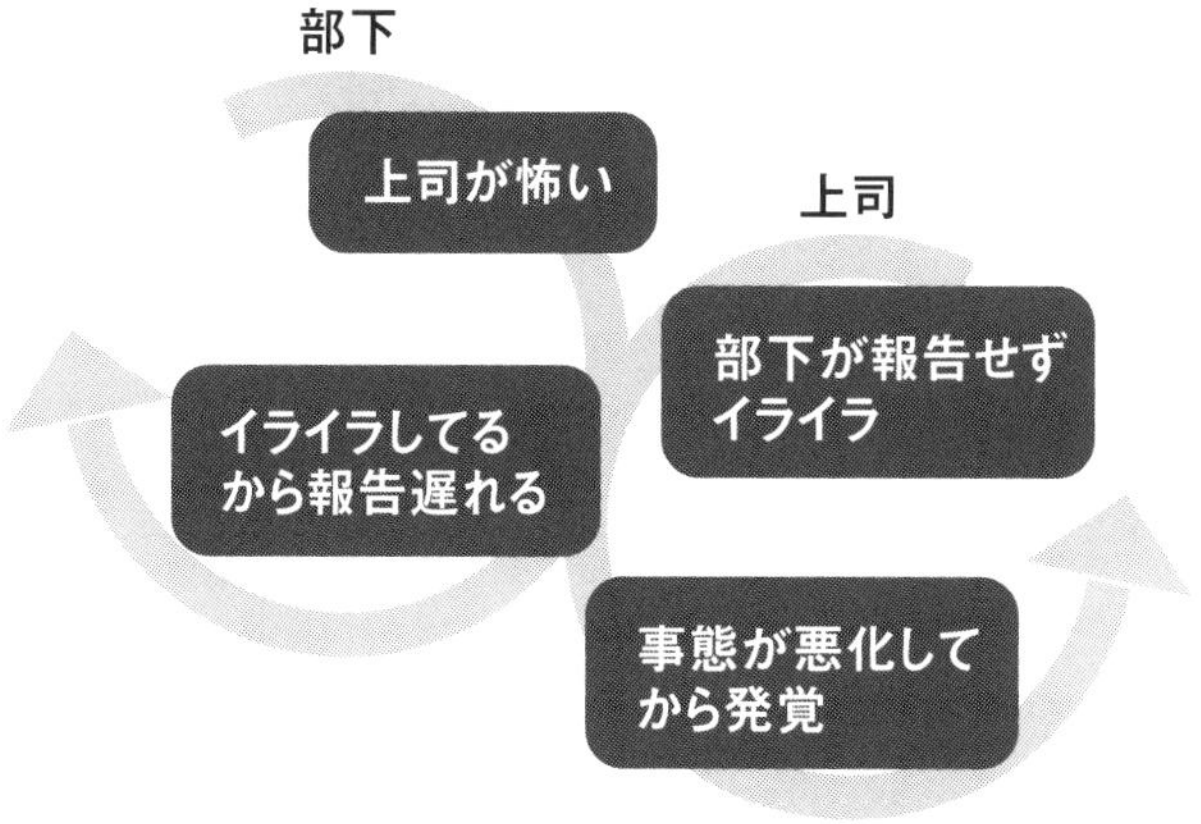

・どうして、〇〇してしまうということが起こるのか？
・いつも〇〇の優先順位が下がってしまうのは、なぜだろうか？

さらに「これらを一緒に考えてみよう」という姿勢を示せば、相手も（そしてあなたも）何が原因になっているのか、さまざまな要因を挙げて、分析的、内省的に解決の糸口を見つけていけるのではないでしょうか。

・このWhyは〝人に向かうWhy〟だろうか？
・それとも〝システムに向かうWhy〟だろうか？

まず自分に問いかけ、確認してから口に出したいものです。

? 戸惑いを引き起こさない「明確な問い」をつくろう

あなたは、人から問われて「何を答えればよいのだろう?」と戸惑ったり、逆に問いを投げかけたのに「何を答えればいいのですか?」と質問されてしまったりした経験はありませんか?

たとえば、さして興味のない商品やサービスの説明の最後の、「いかがでしょうか?」という問いがこの代表です。なんとなくの感想を言えばよいのか、「欲しい/欲しくない」の判断を答えればよいのか、あるいは、説明がわかりにくいところについて質問すればよいのか、戸惑ってしまいますね。

どちらにしても問いと得たい答えが結びついていないわけですから、〝機能していない問い〟だということです。

日本語は文脈を重視するハイコンテクストな言語のため、省略が頻繁に行なわれます。たとえば、髪型を変えた人が、誰かに「どうかなあ？」と問いを投げかけたら、本当は何を答えてほしいのだと思いますか？

この場合「この新しい髪型は、私に似合っているだろうか？」あるいは「この新しい髪型の私を、あなたは気に入ってくれるだろうか？」などが、意図も答えてほしいことも明確な、省略のない問いの全文になるでしょう。前者は友人、後者は〝気に入ってもらいたい〟パートナーへの問いという関係性の文脈があれば、よりイメージしやすいと思います。

このような戸惑いを引き起こすような不明確な問いは、なぜ生まれてしまうのでしょう？

多くは「この状況で、こう答えてほしい」、あるいは「この流れでは、こう答えるだろう」という前提が、問う側の中に無意識的に存在しています。答える側が、その前提を文脈として理解できないと、不明確な問いになってしまうというわけです。

さらに悪いことに、日本は遠慮がちに言うことが、相手への敬意として受け取られる文化を持っています。問う側としては、明確な答えが欲しいし、そのための問いもあるけれど、はっきりと言うのははばかられるという心理が強く働いてしまうのです。

その結果、文脈に依存してしまい、不明確な問いが投げかけられることになります。
したがって、戸惑いを引き起こさない問いを投げかけるためには、自分の答えてほしいことを明確にすること、文脈に依存しないこと、省略のない問いにしていくことが必要となります。

ここでは、次の状況について、いくつかの答えてほしいことの選択肢を考え、それぞれ「文脈に依存しない、省略のない明確な問い」にしていく練習をしてみましょう。

練習2−6：どんな問いがつくれますか？

ねらい：「文脈に依存しない、省略のない明確な問い」をつくれるようになる。

やりかた：次ページの表の左の欄に「文脈に依存した、不明確な問い」があります。そこから「（あり得る）答えてほしいこと」を2つ考えましょう。さらに、それを聞き出すための、「文脈に依存しない、省略のない明確な問い」をつくってみましょう。

文脈に依存した、不明確な問い	（あり得る）答えてほしいこと	文脈に依存しない、省略のない明確な問い
〈例〉（変えた髪型を指差しながら）どうかなあ？	〈例〉似合っているかの一般的印象	〈例〉この髪型、私に似合ってる？
	〈例〉相手が気に入ってくれたかの感想	〈例〉この髪型、前と比べて、あなたはどっちが好き？
〈例〉（商品やサービスの説明のあと）いかがでしょうか？	〈例〉欲しいか／欲しくないかの判断	
	〈例〉説明された内容の理解度	
〈例〉（久々に会った友人に）最近どう？		

？2人称の問いの活用

ここまで、2人称の問いをつくるためのさまざまな練習をしてきました。ここで得られた問う力は、どんな場面で活用できるでしょうか？

まず、「相手が知っていて自分が知らない情報」を得ることができるようになるでしょう。さまざまな情報がインターネットの検索で得られるようになってきました。しかし、その情報は玉石混交です。ある種の体験など、まだまだ〝生の〟一次情報の価値は下がることはありません。さらに、戦争や災害の体験など、その情況も含めて語られるものには、単なる情報以上の力があるものです。それを引き出せるのも2人称の問いの問う力です。

一方、相手がまだ気づいていないことに思考を向かわせることができるのも2人称の問いの問う力です。上司と部下の関係、営業とお客さま、パートナー企業との協業など、ビジネスのさまざまな場面だけでなく、先生と生徒、親と子どもなど、問いによって相手に対して思考の領域を示すことで、相手の思考を引き出し、お互いに望ましい相手の行動をうながすことができます。

ここで大切になってくるのは信頼関係です。問う力は切れる刃物のようなものです。相手のことは考えずに、こちらの利だけを求めて、悪意を持って誘導的に使うこともできますが、本書では、そのような誘導的なものではなく、お互いの望ましい結果を引き出すような使い方を念頭に置いています。そのためにも、相手の情況にも焦点を当て、会話の質を深めながら、信頼関係を築き、その信頼を裏切らないように問う力を使っていきたいものです。

ここからはすでに定番となっているフレームを使って、さまざまな情況で問う力を発揮できるような練習をさらに重ねていきたいと思います。ご自分の身近な人との会話を思い浮かべながら、問いを修飾する言葉を選ぶことで、より実践的なものになることでしょう。

応用2－1：1on1ミーティングでの相手の興味や関心を知る2人称の問い

1on1ミーティングでは、ざっくばらんなものから、重要なプロジェクトの進捗確認まで、さまざまなものが話題となります。このうち、個人で応用できるような問題解決については、1人称の問いですでに扱いました。ここでは、仕事の進捗確認ばかりでは聞けないような、相手の興味・関心について考えていきましょう。

このような場面で活用できるのは、マーケティングで使われる「ラダリング」という手法です。ラダリングはある商品やサービスが選ばれる理由を分析するために、商品やサービスの特徴（事実）から聞き、それを利用したときの気分（感情）を聞き、それがどんな価値観に根づいているのかという順で、構造的にインタビューしていく技法です。

つまり、97ページの会話の質――深度の浅いところからスタートして、一段ずつ深い中身に踏み込んでいく問いを投げかけるということですね。これをシンプルに構成すると次の4ステップになるでしょう。

1　興味があることは何か

2　それのどこに興味があるのか
3　どのような気持ちなのか
4　なぜ、そのような気持ちになるのか

やり方：次ページの表の中央の欄に「ストレートな問い」が書いてあります。その言葉をわかりやすく言い換えたり、修飾したりして、より答えやすく、「考えが前に進む問い」にしてみましょう。

フレーム	ストレートな問い	答えやすく、 考えが前に進む問い
1.興味があることは何か	興味があることは何かな？	
2.それのどこに興味があるのか	それのどこに興味をひかれるのかな？	
3.どのような気持ちなのか	どのような気持ちなのかな？	
4.なぜ、そのような気持ちになるのか	なぜ、そんな気持ちになるのかな？	

考えが前に進む問いをつくるヒント

❶ 時間的な修飾を加えたりして、少し領域を狭めて答えやすくしてみましょう。
例「最近、興味があって気になることって何かな？」

❷ 1の答えに対しての問いに、主語や主体を加えて、詳しく聞いてみましょう。
例「○○のどこに、あなた（君）は興味をひかれるのかな？」

❸ 情況をイメージできる修飾をして、答えやすくしてみましょう。
例「○○を（作っている／取り組んでいる／見ているなど動詞を入れる）ときには、どんな気持ちになるのかな？」

❹ その瞬間に焦点を当てて、ストレートに問いを投げかけてみましょう。
例「そのときに、そんな気持ちになるのはなぜなのかな？」

応用2－2：顧客の要望を知るための2人称の問い

営業やSEといった、お客さまとの最前線で働くビジネスパーソンには、自社製品やサービスを熱く語って説得するという、これまでのやり方とは異なるスタイルが求められるようになってきました。

こうした手法は「コンサルティング」や「提案型」あるいは「課題解決型」など、さまざまな呼ばれ方をされています。どれもお客さまの本当に願っている状態を実現するために、自社製品やサービスを提供するという構図は同じです。

まずはお客さまの願っている状態を知る必要があります。まさに〝問う〟が勝負どころとなっているといえるでしょう。

1人称のところで考えた、問題を解決するためのフレームを参考にすると、次の3つは必須です。

1　現状の確認

2　目標の確認

3　原因の確認

ここでは、相手が考える優先順位なども、確認しておきたいですね。もし、それが自社製品やサービスでの解決領域にマッチしているならば、ビジネス的な成功はグッと近くなります。したがって、ここでのステップは次の4つです。

1　現状の確認
2　目標の確認
3　原因の確認
4　優先順位の確認

やりかた：次ページの表の中央の欄に「ストレートな問い」が書いてあります。その言葉をわかりやすく言い換えたり、修飾したりして、より答えやすく、「考えが前に進む問い」にしてみましょう。

フレーム	ストレートな問い	考えが前に進む問い
1.現状の確認	どのような状況に困っているのか？	
2.目標の確認	どのような状況になればよいのか？	
3.原因の確認	現状と目標のギャップを生じさせている原因は何か？	
4.優先順位の確認	優先的に取り組む必要があることは何か？	

考えが前に進む問いをつくるヒント

❶ ビジネスにおいてはさまざまな困りごとがあるわけですから、まずは自社製品やサービスで解決できる領域に緩やかに焦点を当てられるようにしましょう。

例 「〇〇の観点で、お仕事上お困りになっていることにはどんなことがありますか？」

❷ 目標や理想という言葉は意外に答えにくいものです。ここでは「〇〇しやすい」などの表現で、答える側のハードルを下げてみましょう。

例 「どうなっていると、お仕事がしやすくなるとお考えですか？」

❸ これも原因という言葉は答えにくいかもしれません。違う表現を探してみましょう。

例 「お仕事のしやすさの障害になっていることはなんでしょうか？」

❹ 順番をつけることは苦手でも、両極端はすぐに思いつくものです。1番に取り組んでいく必要があるものを確認してみましょう。

例 「『まずここから取り組まないと』と思われていることはなんですか？」

応用2－3：ＯＲＩＤで対立を解消する2人称の問い

チームやクラスを運営していると、その中のメンバー同士のいざこざや感情的なぶつかり合いに遭遇することがあります。そんなとき、チームやクラスでミーティングや学級会を開くという、本書でいう3人称的なアプローチも考えられます。

ここでは「ＯＲＩＤ」というさまざまな紛争を解決に導くフレームを使って、２人称の問いで解決を図るアプローチで考えてみましょう。

ＯＲＩＤは「Objective Question」「Reflective Question」「Interpretative Question」「Decisional Question」の頭文字をとった名です。

ＯＲＩＤは次の問いで構成されます。

まず「Ｏ：事実を確認する問い」、そして「Ｒ：

Objective Question	事実を確認する問い
Reflective Question	そのことでどのような感情になったのかを知るための問い
Interpretative Question	事実や感情を振り返ったうえで、解釈や考えをうながす問い
Decisional Question	次の行動に結びつける問い

そのことでどのような感情になったのかを知るための問い」、さらに「I：それらの事実や感情を振り返ったうえで、解釈や考えをうながす問い」、最後に「D：それらを次の行動に結びつける問い」から構成されます。

ここでは、自分が上司や先生という立場だと仮定して、対立している当事者2人を呼んで、3者で話し合いをすると思ってください。この情況で、問いづくりに挑戦してみましょう。

やりかた：次ページの表の中央の欄に「ストレートな問い」が書いてあります。その言葉をわかりやすく言い換えたり、修飾したりして、より答えやすく、「考えが前に進む問い」にしてみましょう。

フレーム	ストレートな問い	考えが前に進む問い
1.O：事実	どのような出来事があったのか？	
2.R：感情	そのときどのような感情になったのか？	
3.I：解釈	（お互いの気持ちを知ったうえで）どう考えるのか？	
4.D：次の行動	お互いに次は何をしていこうと思うのか？	

考えが前に進む問いをつくるヒント

❶ 2人に向かって中立的な立場で、できるだけ感情的にならず事実を引き出してみましょう。

例「2人が気にしている出来事はどんなことだったのかな？」

❷ 次は1人ずつの感情に焦点を当ててみましょう。

例「それぞれ、その出来事が起きて、どんな気持ちになったのかな？」

❸ 解決するのはあくまで当事者と伝わるよう、主語や主体を加えてみましょう。

例「お互いの気持ちを知った今、2人はどう考えている？」

❹ 時間軸を未来に向けるような修飾をしてみましょう。

例「よりよい関係のために、明日から、どんなことを変えていきたいかな？」

? 傾聴の効果とは?

本書のテーマは「問う力」ですから、ずっと問うための練習と解説を積み重ねてきました。しかし、実は2人称の問いは、問うことだけでは効果を発揮できません。〝傾聴〟とセットでないと意味がないのです。

傾聴は英語では、「Active listening」つまり、ただ聞くのではなくて、**〝積極的に聴く〟**ことです。積極的に聴くというのはどういうことでしょうか?

真逆のことを考えると、そのことの理解が深まりますから、〝積極的に聴いていない〟様子をイメージしてみましょう。

・何かをしながら聞いている
・話し手のほうに顔を向けていない/見ていない
・反応しない/言葉を返さない

なんだか、食卓で新聞を広げて、まったく家族の話を聞かない「昭和風ガンコ親父」の像が浮かんできてしまうかもしれませんね。傾聴はその逆をいけばよいことになります。

・手を止めて、話し手に集中する
・体も、顔も、話し手に向ける
・言葉や態度で反応を返す

言葉や態度で反応を返すというのは「うんうん」「そうか」といった相づちやうなずきのほかに、相手の言葉をそのまま繰り返すオウム返しをすることです。

さすがに「相談があるんだけど」と持ちかけられたときには、多くの人がきちんと相手の話を聴こうという姿勢を見せるとは思いますが、日常でちょっと話しかけられたときにも、これらをしっかり意識している人は少ないかもしれません。

また、１ｏｎ１ミーティングなどでも「週末は何をしていたのか？」という何気ない問いに「久々に映画に行きましたよ」という返答があったとします。ここで「そう」とだけ応えて、次の話題にいってしまっては「ああ、私の話には興味がないんだ」と相手は感じてしまうことでしょう。

ここで重要なのは、傾聴することで相手への興味が伝わりますが、傾聴しない場合には相手への興味が伝わらないのではない、ということです。それどころか、「相手への興味がないこと」が伝わってしまうのです（残念ながら、本当に興味がないのかもしれませんが……）。

せっかく信頼関係を深めるために問いを投げかけたのに、答えに興味を持っ

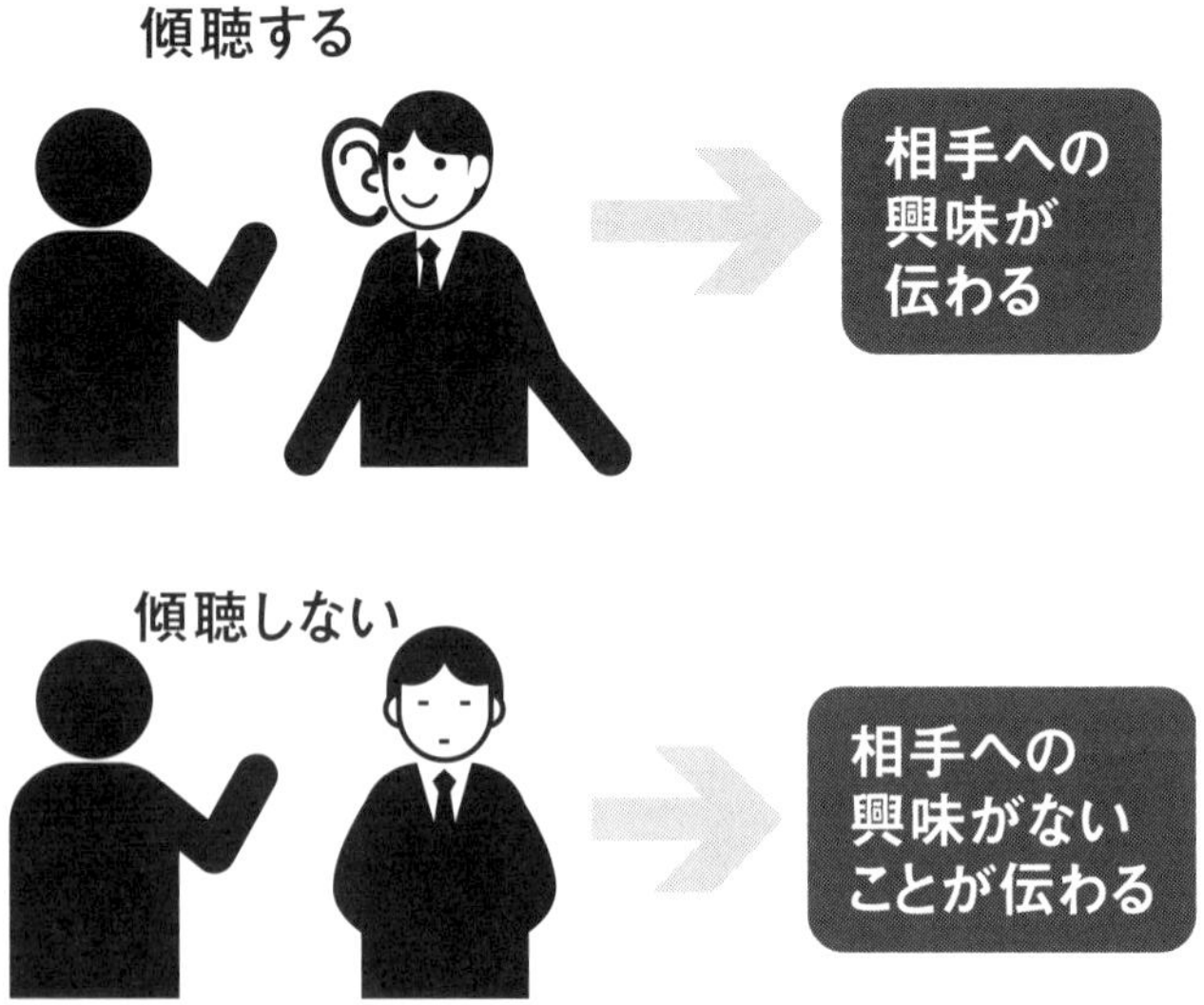
傾聴する
相手への
興味が
伝わる
傾聴しない
相手への
興味がない
ことが伝わる

ていないことが相手に伝わってしまっては、相手はもう本音で答えたくなくなってしまうかもしれません。当たり障りのない答えや、「問う側が答えてほしいと思っていること」を忖度して答えるようになるでしょう。

コーチングでは、「傾聴8割、質問2割」などという言葉で傾聴の重要性を伝えています。

また、「好かれる会話のさしすせそ」として、次のような相づちも知られています。

・さすが！
・知らなかった！
・すてき！
・センスいい！（これだけはなんとなく無理やり感がありますね）
・そうなんだ！

2人称の問いは傾聴とセットで機能します。実際の会話や対話では、「問う力」だけでなく、「聴く力」も意識して、話を進めていきましょう。

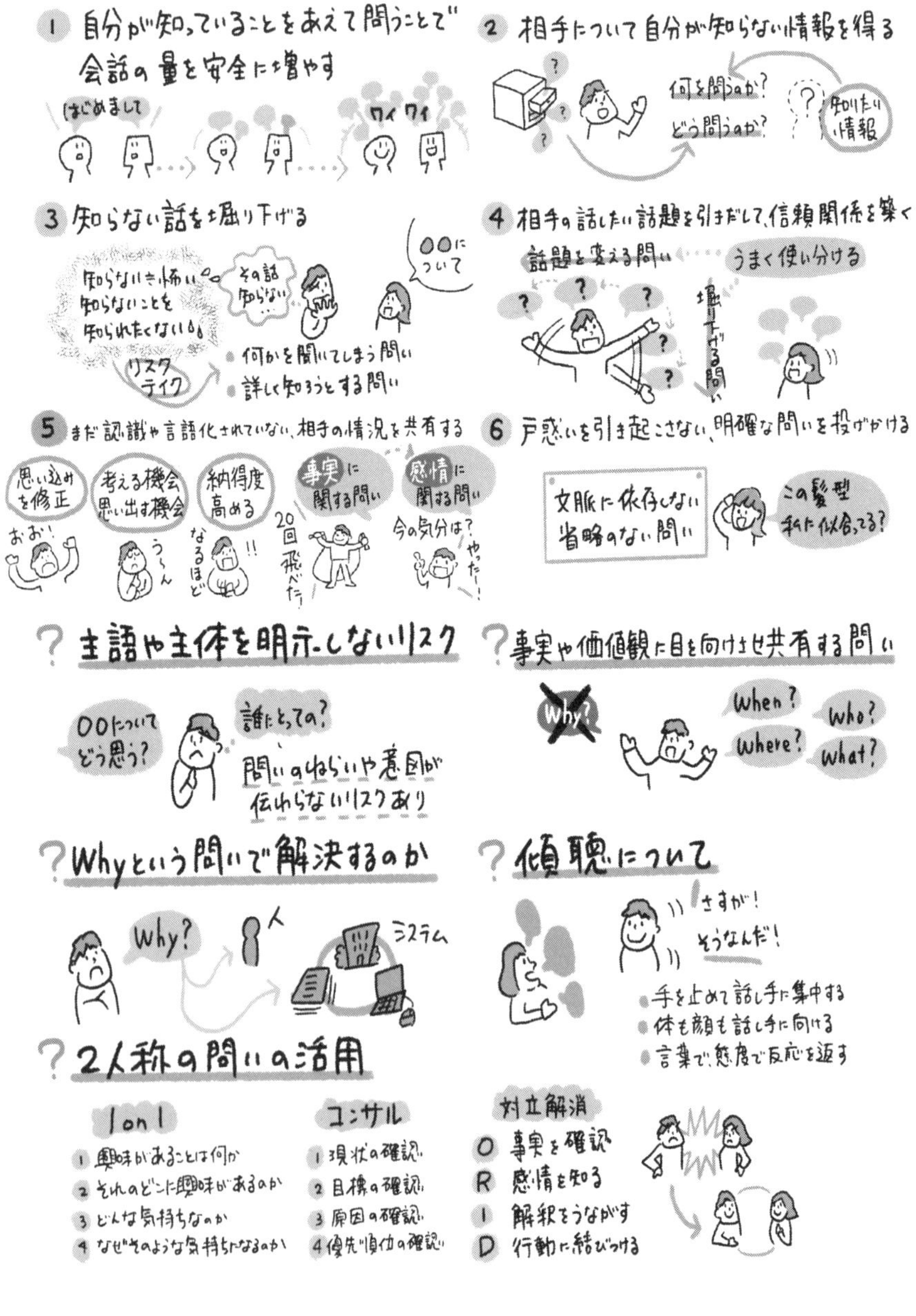

1 自分が知っていることをあえて問うことで会話の量を安全に増やす
はじめまして
ワイワイ
2 相手について自分が知らない情報を得る
何を問うのか？
どう問うのか？
知りたい情報
3 知らない話を掘り下げる
知らないと怖い 知らないことを知られたくない。
その話知らない…
○○について
リスクテイク
何かを聞いてしまう問い
詳しく知ろうとする問い
4 相手の話したい話題を引きだして、信頼関係を築く
話題を変える問い
うまく使い分ける
掘り下げる問い
5 まだ認識や言語化されていない、相手の情況を共有する
思い込みを修正
考える機会 思い出す機会
納得度高める
事実に関する問い
感情に関する問い
おお！
うーん
なるほど
!!
20回飛べた！
今の気分は？
やったー！
6 戸惑いを引き起こさない、明確な問いを投げかける
文脈に依存しない 省略のない問い
この髪型私に似合ってる？
主語や主体を明示しないリスク
○○についてどう思う？
誰にとっての？
問いのねらいや意図が伝わらないリスクあり
事実や価値観に目を向けさせ共有する問い
Why?
When?
Who?
Where?
What?
Whyという問いで解決するのか
Why?
人
システム
傾聴について
さすが！
そうなんだ！
手を止めて話し手に集中する
体も顔も話し手に向ける
言葉で、態度で反応を返す
2人称の問いの活用
1on1
1 興味があることは何か
2 それのどこに興味があるのか
3 どんな気持ちなのか
4 なぜそのような気持ちになるのか
コンサル
1 現状の確認
2 目標の確認
3 原因の確認
4 優先順位の確認
対立解消
O 事実を確認
R 感情を知る
I 解釈をうながす
D 行動に結びつける

第2章 2人称の問い—相手の思考を引き出す

Graphic Recording by Tomio Narita

相手の情況が最大のポイントになる"2人称の問い"

2人称の問いづくり—練習のステップ

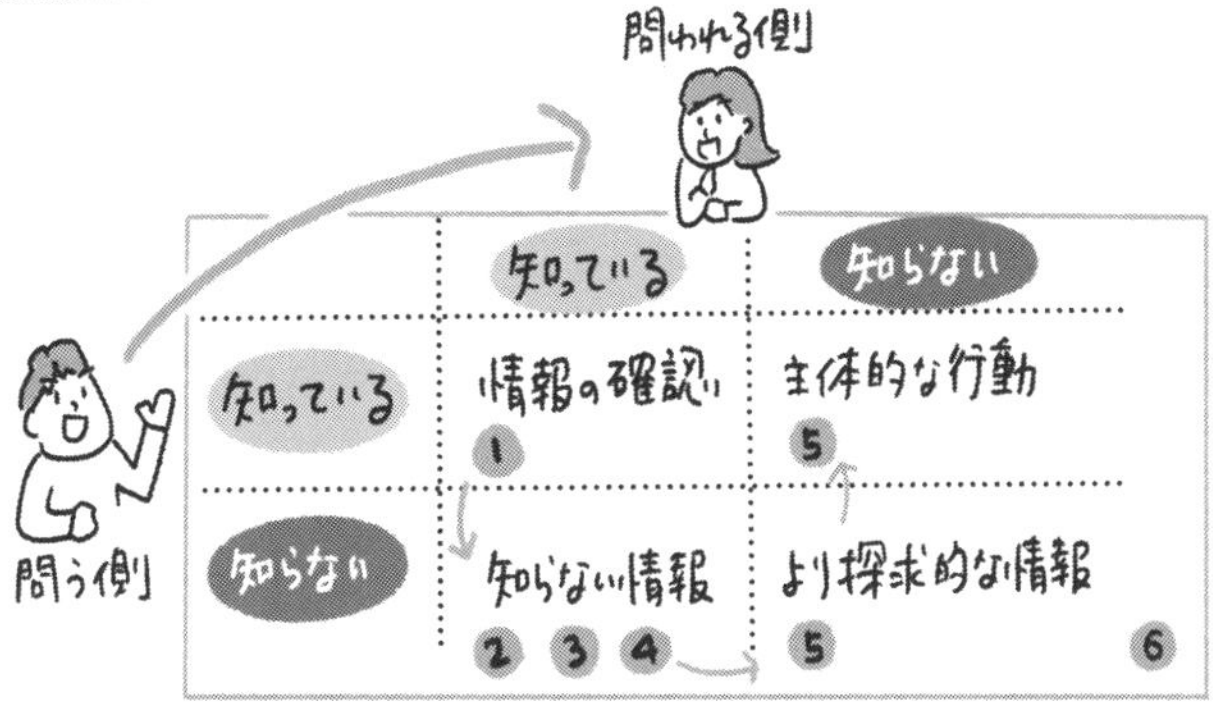

会話の質と自己開示

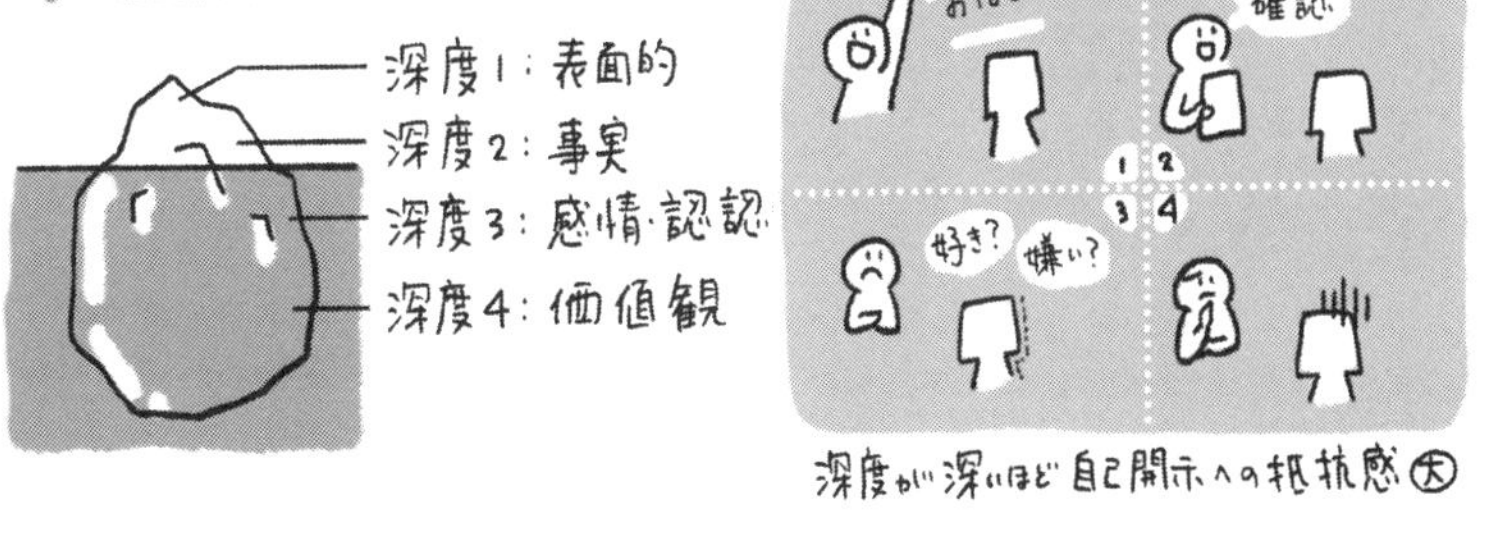

深度が深いほど自己開示への抵抗感(大)

第 3 章

3人称の問い

――複数人の思考をまとめる

複数人の思考をまとめ、対話によって新たなステージへ進める「3人称の問い」

あなたは、どのような情況で3人称の問いを必要としていますか？

3人称の問いは、複数の相手に対しての問いです。いわゆる文法での3人称とは少しニュアンスが違います。問いかけ自体は〝皆さん〟（複数の2人称）に行ないますが、その結果、その人たち同士に何かが生じることを大いに期待するという意味をこめて、ここでは3人称の問いと呼ぶことにします。

ビジネスでも、学校でも、自治体などでも、組織のあるところには必ず会議があります。会議を進めるときに、3人称の問いはその力を発揮します。

また、営業上でのプレゼンテーションでは、3人称の問いをうまく使うと相手を巻き込むことができ、商談も進みやすくなるものです。

あなたが先生なら、普段の授業はもちろん、特にアクティブ・ラーニング型の授業においては、3人称の問いが必要ですね。

また、自治体が主催する説明会などでも、住民の意見を拾い、納得度を高めようとするなら、3人称の問いを活用するとよいでしょう。このようなさまざまな情況において、問いはどのような効果をもたらしてくれるでしょうか？

複数の人たちが集まって話し合いが行なわれるとき、問いは共通の思考の領域を提供します。

たとえば、単に「今後の取り組み」ということではなく「2030年に向けて、私たちが今すぐ取り組まなければいけないことは何か？」などです。この問いには、期日があり、行動する主体は〝私たち〟となっています。しかも「今すぐ取り組まなければいけないこと」と、考えなければならない領域が明確になっています。

このような問いかけにより、個々の参加者が異なるイメージを持っているせいで会話がまとまらなくなることを避け、また場合によっては、普段考えていない何かを話し合うきっかけとすることもできるのです。

こうした情況で、参加者同士が互いの考えや感じ方を知ることはとても有意義です。違いが新たなアイデアを生み、互いの成長につながるなどの、好ましい相互作用が生まれるでしょう。

2人称の問いでも問いの組み立ては重要でしたが、3人称の問いでも、初めはさまざまな考えが自由に出る問いを投げかけ、終盤でまとめをうながす問いを活用すれば、その場での合意形成や、それによる帰属意識、主体形成をうながすことができます。さらに、このような体験そのものが、それぞれの関係性の変化に影響を及ぼすこともあるでしょう。

そうすれば、組織やコミュニティ全体が新たなステージへと進むきっかけとなることでしょう。

グローバル化が進み、多様性がより豊かな成果を生むことが、さまざまな研究で明らかになっています。3人称の問いは、そのような人々をつなぎ、新たなものを生み出す中心にあります。

また学習指導要領も、21世紀を生き抜くための新しい学びの形として、対話的な学びを重視する内容に更新されています。このような学習者間の相互作用を期待したい場面でも、3人称の問いをうまく機能させたいものです。

すでにお気づきだと思いますが、3人称の問いは、1人称の問いと2人称の問いの発展形ともいえます。ここまで練習を積まれてきた皆さんなら、それほど苦労せずに、機能する3人称の問いを生み出すことができるでしょう。これまでつちかってきた力をいかんなく発揮して、3人称の問いづくりに取り組んでください。

この章では、会議で活用できる3人称の問い、アクティブ・ラーニングなどの授業やトレーニングといった学びに向かう3人称の問いを扱います。より応用的なワークショップでの問いの組み立てやつくり方など、実践的な内容については第4章で扱います。

3人称の問いづくり ――練習のステップ

3人称の問いは、大きく3つに分けて捉えることができます。

一番のメインとなるのは**「全体の問い」**です。複数の相手、つまり参加者や学習者が、共通で考えていく主題ともいうべきものです。会議であれば、全体のテーマや議題に当たります。これだけでも複数の相手の思考をまとめられることもありますが、少し込み入った内容のものだと、思考や議論をいくつかのステップに分けたほうがよい場合があります。こんなときに準備しておきたいのが**「分割された問い」**です。会議であれば、アジェンダや進め方に当たります。

〝問いを組み立てる〟という観点では、この2つで十分なのですが、複数の相手の対話までうながそうとすると、ほどよい補足や意見の整理、方向づけなどが必要な場面があります。ここで必要になるのが**「介入の問い」**です。たとえば、会議などで発言の視点が偏っていると感じられるとき、「まだお客さまの立場からの意見が出ていないようですが、その観点からはどんな課題がありそうですか？」などが、介入の問いです。

介入の問いは、その場で出てきた情報や考えに応じてのものになるので、2人称の問いで練習したことが役立ちそうですね。もう少し例を挙げてみましょう。

短時間の会議で「起きている障害に対して、できるだけ素早く対処するべきことは何か？」といった、事前に情報が共有されていて、あとは集まったメンバーで決めるだけという情況なら、全体の問いだけでよいでしょう。

しかし、「来年度の部の目標を、どのように分担して達成していけばよいのか？」

が全体の問いだった場合、この議題をスモールステップに分割したほうがよさそうですね。たとえば「今年伸びていて、来年度に重点を置くべき市場はどこか？」「自社のソリューションや、メンバーそれぞれの強みは何か？」などです。このようにステップに分けて問いが提示されれば、会議を建設的に進められるでしょう。

一方、授業や一般的なアクティブ・ラーニング、ＰＢＬ（プロジェクト型学習：Project Based Learning）など学びの場ではどうでしょうか？

全体の問いは、単元ごとのテーマ、あるいは〝探究すべきもの〟を指し示すものになるでしょう。

ここでも、全体の問いが「サイコロで1の目が出る確率は本当に6分の1なのか？」くらいの、簡単な実験で確かめられるものならともかく、「地球温暖化に対処するための具体的アクションにはどんなものがあるのか？」というものだったらどうでしょうか？

そもそも「地球温暖化の原因となっているものは何があるのか？」とか、「地球温暖化による影響にはどのようなものがあるのか？」といったことを、事前にしっかり考えておかないと、答えを導き出すのは難しそうです。

このように、全体の問いの回答に向けて、思考や議論のステップを踏むための問いが「分割された問い」です。

分割された問いが必要かどうかを判断するためには「この全体の問いだけで、参加者や学習者は答えることができる（考えを進められる）だろうか？」と、自分自身に1人称の問いを投げかけるとよいでしょう。

このように「（相手は）この問いに答えることができる（考えられる）だろうか？」と、常に自分が作った問いを疑うことは、とても大切です。

これは全体の問いに限りません。自分が考えたすべての問いに対して、複数の相手が答えられるか、考えられるかを検討しなくてはなりません。もし多くの人が答えたり、考えたりすることが難しそうであれば、さらに分割された問いを用意するかどうかを、検討しましょう。

この章では、まず会議の場での全体の問い、分割された問い、介入の問いを練習していきます。

次に、学びの場での全体の問いを練習しますが、学びの場では探究的・創造的で答えや行動が予測できないものと、問う側にすでに期待する答えや行動があるものがあります。ここでは、前者を**「中心となる問い」**、後者を**「ゴールとなる問い」**と、さらに2つに分けて考えることにします。

練習では、まず中心となる問いから考えていきます。それ自体は探究やリサーチのための1人称の問いと同等なものになりますが、複数の相手にそれを投げかける場合、より豊かな学びを提供できるかは、検討すべきポイントになります。具体的には中心となる問いから派生する分割された問いをつくり、それが十分に豊かな学びを提供できるのかを考えていきます。

一方、ゴールとなる問いが設定された場合、分割された問いはゴールまでの道しるべとなります。学びの場では、学習者のモチベーションが問題になることがあります。分割された問いは、このモチベーションに考慮した導入の問いを考え、次に、思考をスムーズに進め、また自分ゴトに向かわせるための「足場かけの問い」を考えていきます。

問いを組み立てるためのフレームに沿った練習では、新規サービス創造、ワールドカフェ、ORIDといった、ビジネスの場でも学びの場でも使えるものを紹介しながら、情況に合わせた個々の問いをつくります。

3人称の問いづくり　練習のステップ

会議

❶ 会議のテーマ・議題となる全体の問い

❷ 会議の進め方・アジェンダとなる分割された問い

授業などの教育

❶ 中心となる問い

❷ ゴールとなる問い

❸ 導入で使う分割された問い

❹ ゴールへ導く足場かけのための分割された問い

？ 会議の場面での「全体の問い」をつくろう
――会議のテーマを問いで提示する

会議のテーマ、あるいは議題はどのような言葉で表現されるでしょうか？

・イベントの集客状況について
・新入社員採用について
・Ｗｅｂサイトリニューアルの進捗
・今後のスケジュールと役割分担

このように「○○について」や体言止めで書かれる場合が多いですね。

『長時間労働に関する実態調査』（パーソル総合研究所／中原淳・２０１７―１８）では、日本人の約４分の１が〝会議はムダなもの〟と認識しているそうです。実はこのような議題の書き方そのものが、ムダな会議の大きな要因になっていることはあまり知られていないようです。議題では、何を話し合うのかは伝わりますが、何が決まるところのテーマや議題は終わりになるのかが伝わってきません。

同調査では〝ムダな会議〟と感じてしまう1つの大きな要因が「会議が終わっても何も決まっていない」ことであると分析しています。したがって、このような「どう終わるのか」が明示されていない会議は、そもそもムダな会議になる可能性が高くなるのです。それでは、会議が「どう終わるのか」を明示するテーマや議題の表現とはどのようなものでしょうか？

「書くことは考えることだ」という主張で始まる山田ズーニーさんの名著『伝わる・揺さぶる！　文章を書く』では、会議のテーマや議題を問いで表現することを推奨しています。

同書は文章の書き方を指南する本なので、問いで表現されるのは議事録の中なのですが、会議が終わってから問いで書かれるより、そもそも最初から提示されていれば、会議中に、〝考えるべきこと〟や〝話し合う必要のあること〟、そして〝結論づけたいこと〟について、迷うことはなくなるでしょう。

たとえば、「イベントの集客状況について」をその目的や目標を意識して、問いの形に変換すると「イベントに人を集めるために今からできることは何か？」などとなります。また、「新入社員採用について」という会議も「新卒採用の内定辞退率が高い原因は何か？」と、問いの形でテーマや議題が提示されていれば、情報や意見を出す領域を定めやすくなります。

問いには〝答え〟をうながす力があります。議題が問いの形で示されたほうが、参加者が「なぜなのか？」と考え、その問いに答えようという気持ちになりやすくなるのです。

もし会議の案内の中で、問いの形で会議のテーマや議題を提示するのに抵抗があるようであれば、会議の冒頭に口頭で「今日は、『新卒採用の内定辞退率が高い原因は何か？』について考えていきます」と伝えるだけでも、大きな違いを生むでしょう。ホワイトボードなどがあるなら、ホワイトボードに問いの形で書けば、より効果が期待できますね。

練習3－1：どんな問いがつくれますか？

ねらい：会議のテーマや議題を問いによって表現して、会議の効果性を高める。

やりかた：下の表の左の欄の表現（○○について、体言止め）を目的や目標を意識して（言葉を補ってかまいません）問いの形に変換してみましょう。

会議のテーマ・議題	問いの形にした会議のテーマ・議題
販売実績について	
発言しやすい社内環境のつくり方	
社内コミュニケーションの現状と議題	
チームリーダーの選任	

会議の進め方やアジェンダを問いにしよう

会議における全体の問いとしてテーマや議題を問いの形で提示し、会議が「どう終わるのか」を明示したり、会議が向かうべき方向を明らかにしたりする練習をしました。

次は、分割された問いを考えていきます。

たとえば、マンションの自治会で「今後の大規模修繕について」という会議なら「今後の大規模修繕で、インフラ保全と外観修復のどちらを優先すべきか？」が全体の問いとなります。

いきなり優先順位についての話し合いがスタートできるわけではないですから、会議をスムーズに進めるために、進め方やアジェンダとして分割された問いを提示し、その結論に到るための道筋も示しておくほうがよいでしょう。

まず、何か情報を提供してから、参加者の現状を聞くという流れなら、分割された問いの1つ目は「築35年のマンションでは、何がどのくらい劣化しているのか？」などとなります。この問いは、説明される内容がどのような情報なのかを指し示しています。

分割された問いの2つ目は、参加者の意見を聞くために「インフラや外観について、最近困ったり、不満に思ったりしていることは何か？」などとなるでしょう。

続けて、インフラ保全や外観修復についての一般的な費用について再び情報提供が行なわれるなら、３つ目は「インフラ保全や外観修復を行なうためには、どのくらいの費用が必要なのか？」となります。

つまり、「今後の大規模修繕で、インフラ保全と外観修復のどちらを優先すべきか？」という全体の問いに対して「築35年のマンションでは、何がどのくらい劣化しているのか？」「インフラや外観について、最近困ったり、不満に思ったりしていることは何か？」「インフラ保全や外観修復を行なうためには、どのくらいの費用が必要なのか？」が分割された問いになるということです。

もし「今後の大規模修繕について」とだけ提示され、進め方の説明もないまま、築35年のマンションの劣化度合いについて、一般的な傾向などのデータを見せられるところから話がスタートしてしまったらどうでしょうか？

参加者は、「自分がなぜここにいるのか？」という疑問を抱えたまま参加をすることになるでしょう。なぜなら、今後の大規模修繕の内容とスケジュールについて聞かされるだけなのか、ガス・電気といったインフラの保全と、外観の修復のどちらを優先したいかの検討をするのか、10年くらいあとにやってくる大規模修繕に備えて毎月の積立金が値上がりすることを了承するか否かの判断を求められるのか、まったく予想できないからです。

ここでは、テーマや議題を問いで提示するのに引き続き、それを分割した進め方やアジェンダを問いで表現する練習をしてみましょう。

練習3-2：どんな問いがつくれますか？

ねらい：会議の議題を問いによって表現して、会議のスムーズな進行を助けられるようになる。

やりかた：次ページの表の左の欄の「テーマ」をもとに、「全体の問い」「分割された問い」をつくってみましょう。

テーマ	全体の問い	分割された問い1	分割された問い2
〈例〉マンションの大規模修繕	〈例〉今後の大規模修繕で、インフラ保全と外観修復のどちらを優先すべきか？	〈例〉築35年のマンションでは、何がどのくらい劣化しているのか？	〈例〉インフラや外観について、最近困ったり、不満に思ったりしていることは何か？
〈例〉(年度末まで残り2カ月のタイミングでの) 営業部内会議	〈例〉あと2カ月で目標達成するために、今すぐ取り組むべきことは何か？		
文化祭でのクラスの企画			

? 会議での3種類の介入 ——「介入の問い」

会議のテーマや議題が明確で進め方が明示されていても、それらに関係なく、とにかく自分の言いたいことを発言しないと気が済まないという参加者もいたりします（往々にして、それがいわゆる〝偉い人〟だったりして困るわけですが）。

もし会議が脱線してしまったときは、誰かが話を元に戻さなくてはいけません。また、判断や合意が求められるような会議では、対立した意見がそのまま平行線をたどると、いつまでも終わりません。こんなときは、それぞれの意見を整理することで論点を絞って、話し合いを前に進める必要が出てきます。

一方、意見を出さない参加者がいる場合も要注意です。

そのまま結論に納得してくれればよいのですが、何も意見を出さなかったのに結論に納得しておらず、その人の役割分担をまったく進めてくれないとなったら困ってしまいます。また、会議でせっかく決まったのに、あとから「私は賛成していない」などと言って結論をひっくり返されてしまったら、みんなが会議で費やした時間はなんだったのか、ということになってしまうでしょう。

ここでは、会議の中での介入の問いとして、次の3つを考えてみたいと思います。

- **論点を整理する問い**
- **意見を引き出す問い**
- **話を元に戻す問い**

「論点を整理する」というと、少し難しく感じる方がいるかもしれません。

ここで思い出したいのは、〝問いは思考の領域を示す〟ということです。つまり、ある思考は、その領域に対する問いの答えとして引き出されているのです。

たとえば、「あと2カ月で目標達成するために、今すぐ取り組むべきことは何か？」という営業会議において、「まだタッチしていないお客さまのすべてを回るべきだ」と「紹介するサービスを絞って、キャンペーンを打つべきだ」という2つの意見が出たとします。

このとき「まだタッチしていないお客さまのすべてを回るべきだ」は、どのような問いの答えとして引き出された意見でしょうか？　お客さまについて言っているので、これは「どんなお客さまを回るべきか？」といった問いに対する答えになります。

同様に、「紹介するサービスを絞って、キャンペーンを打つべきだ」はいかがでしょうか？　これは「どのようにキャンペーンを打つべきか？」の問いの答えですね。

すると、「どのようなお客さまを回るべきか？」という観点と「どのようにキャンペーンを打つべきか？」という観点から意見が出たと整理できます。

このケースでは観点が異なりますから、意見はまったく対立していません。

このように、1つ1つの意見が、どのような問いに対する答えとして出されたものかを考えて、参加者全員にその問いを提示すれば、おのずと論点は整理されていくでしょう。

介入の問いの2つ目は、「意見を引き出す問い」です。

そのような場面でよく使われるのは、「どなたか（何か）意見のある人はいますか？」ではないでしょうか？　さらに「○○さん、いかがですか？」が続くこともあります。

この問いはWho、あるいはWhatで始まる問いに思えるかもしれません。ですが、

「いますか？」で終わっているので、Ｙｅｓ／Ｎｏで答えられる問いですね。しかも、たいていの場合、答えは「Ｎｏ」でしょう。

次の「○○さん、いかがですか？」はどうでしょう？

「いかがですか？」はあまりに省略が多く、何を答えていいのかが、わかりにくい問いです。これを答えやすい（＝意見を言いやすい）問いにするためには、どうしたらよいでしょうか？

まず考えられるのは、２人称の問いづくりで行なった「戸惑いを引き起こさない明確な問いにする」です。それでは、どのように明確な問いにしていけばよいでしょうか？

前の論点を整理する問いでのテクニックを使い、すでに出た意見を拾いながら「□□さんは、××とおっしゃっていますが、△△の観点からは、○○さんとしてはどうお考えですか？」と問えばいいのです。すでに出された意見とその観点を整理して示してしまうのです。

営業の例なら「□□さんは、『まだタッチしていないお客さまをすべて回るべきだ』とおっしゃっていますが、『どんなお客さまを回るべきか』という観点からは、○○さんとしてはどうお考えですか？」となります。このように観点まで示すことで「何を答えればよいのか」が明確になりますね。

話が脱線してしまったときも、この「観点を問いで示す」方法が応用できます。アジェンダを問いの形でホワイトボードに書き出してあれば、単にそれを読み上げればいいのです。ただし、意見を話しつづけた参加者に対する〝感謝の言葉〟は忘れないようにしましょう。たとえば、「○○さん、□□についての貴重な意見ありがとうございます」のようにです。

そのあとに「○○さん、ところで、△△の観点からはいかがですか？」と続けて、話の方向性を戻してもよいでしょう。

このような介入の問いが機能するのは、しっかりした傾聴があってこそです。せっかく意見を出したのに、それが大切に扱われなかったら、会議に対して否定的な気持ちになってしまいます。そのあとでどんな問いを投げかけても、その答えを考えたり、話したりする気持ちはなくなってしまうでしょう。

? 学びの場での全体の問い――「ゴールとなる問い」と「中心となる問い」

ここからは、授業や一般的なアクティブ・ラーニングやＰＢＬ（プロジェクト型学習：Project Based Learning）、あるいは企業での研修など、学びの場での３人称の問いを考えていきましょう。

今までお話しした会議における全体の問いは、実は「最終的にこれが決まればＯＫ」という最終地点を指し示すものでした。

授業や、アクティブ・ラーニングや、企業研修のうち、明確な答えを理解してほしい内容のものでは、「〇〇とは何か？」というのが、「最終的にこれが理解できればＯＫ」という最終地点を示す問いです。

また、講義の最後に行動計画や行動宣言などをつくらせることがあります。このような問いを、全体の問いの中でも**「ゴールとなる問い」**と呼びましょう。

このように、問う側にすでに期待する答えや行動がある、ゴールとなる問いの答えを〝最終アウトプット〟などということがあります。答えを出すことが目的であり、目標となっているわけです。会議と同様、授業や研修は時間が限られていますから、効率的にゴールまでたどり着きたいものです。

ここでの分割された問いは、「どのようにしたら、ゴールとなる問いの答えにたどり着けるだろうか」という問いの答えとして定義されます。新幹線でたとえると、東京から大阪に向かうなら、静岡、名古屋、そして京都を通って大阪といった具合でしょうか。

ゴールとなる問いは、その答えを導き出す精度が問われます。

たとえば、「地球温暖化防止に向けて、できることはなんですか？」では、あまりに漠然としていますね。そもそも、最終的に「できること」を「する」主体は誰なのでしょうか？　主体が明らかにされていないため、それを勝手に定義することができてしまいます。

「誰が」「何をできるか」という2つのことを同時に問うていて、しかもそれぞれそれをどう捉えるかは、相手に丸投げ状態になっています。

このままでは「世界が協力できる包括的な取り決めをする」も答えとしてはあり得ますし、「自治体がプラスチックゴミを安易にサーマルリサイクル（燃やすこと）せず、できるだけマテリアルリサイクルに切り替える」などというものも出てくるかもしれません。

これではなんだか他人ゴトで、学校での授業や企業研修の最終アウトプットとしては、あまり望ましくないと受け止められてしまいそうです。

たとえば、「温暖化防止に向けて、あなたが明日から行なっていきたい、ちょっとした努力にはどんなものがありますか？」くらいならいかがでしょうか？

行動する主体は「あなた」で、「明日から」という時間の設定があり、「ちょっとした」という修飾をつけました。これなら学習者の具体的アクションにつながっていきそうですね。


一方、ＰＢＬ、あるいは大学のゼミなどでは、探究のための問いが全体の問いとして設定されることがあります。最終的にはなんらかの答えが導き出されることが期待されてはいますが、必ずしも効率性は重視されていません。むしろ、その問いに答えるために、さまざまな文献に当たったり、フィールドワークをしたり、その過程でまた違う問いが生まれたり、途中途中での知見や人々との出会いが、その探究を豊かなものにします。

ゴールとなる問いの道筋が、飛行機や新幹線のように一直線なものであるとしましょう。それに対して、このような探究のための問いは、気ままなドライブのようなものです。ですが、気ままといっても一応の目的地はありますし、進むべき大まかな方向を見失うわけにはいきません。

このように、向かうべき方向は示すけれども、その過程を重視したい場合の全体の問いを、ここでは**「中心となる問い」**と呼びましょう。ちなみに、ＰＢＬが盛んなアメリカでは、このような問いを「Driving Question」と呼ぶこともあります。

中心となる問いは、そこからさまざまな学習活動が生まれることが期待されます。したがって分割された問いは、中心となる問いから派生して、さまざまな視点や示唆をもたらしてくれるものが望ましいでしょう。

それはいわばお伊勢参りのようなもの。江戸からお参りの道中、あっちに寄りこっちに寄り、「富士山も見たいけれども、浜名湖ではうなぎも食べたい。尾張名古屋のシャチホコも拝まないと……」くらいがちょうどよいわけです。

たとえば「温暖化防止に向けた取り組みで、効果的だったものには何があるのか？」

という問いは、リサーチのしがいはありそうですが、調べて整理するだけで終わってしまいそうです。

「温暖化防止に向けた取り組みを、より効果的にしていくためにはどうすればよいのか？」と未来に向けた修飾をすれば、「効果的だったもの、そうでないものにはどんな取り組みがあるのか？」について調べることも学習活動に入りそうですし、さらにそこから「取り組みの障害となっている要素や関係性は何か？」を見出したり、「その原因となっているものは何か？」を考察したりできるのではないでしょうか。

さて、さまざまな学びの場で、このゴールとなる問いと中心となる問いの、どちらを全体の問いとして設定すればよいのでしょうか？

これは、ひとえに問う側が明確な答えや行動を期待しているか、それとも偶発的で問う側の想像を超えた学習活動を期待し、受容することができるかにかかっています。

ゴールとなる問いは、最終アウトプットがそのまま学びの目標となりますから、進捗もわかりやすく、管理もしやすいものです。

中心となる問いは、探究的で創造的であるがゆえに、外からの管理ではなく、自律的で主体的な管理がなければ、豊かな学びにはつながりません。学習者にその準備が整っているか、また、そのことを問う側が信じられるかがポイントになります。

よく起きる間違いは、自律的で主体的な学習を期待していると表明しながら、創造的に学習者が活動を始めたとたん「前例がないからダメ」「そんなことはほかの科目でやること」と、問う側の前提に基づいた管理が行なわれてしまうことです。

お互いに準備が整っていないようであれば、最終アウトプットがそのまま学びの目標となるゴールとなる問いから始めて、だんだんに探究的な中心となる問いの活用を視野に入れていくとよいでしょう。

	目的・目標	確認ポイント
ゴールとなる問い	授業や研修などで、その答えが〝最終アウトプット〟となる	答えを導き出す精度が問われる
中心となる問い	PBLやゼミなどでさまざまな学習活動を生む	分割された問いをどのくらい豊かに派生できるかが問われる

？ 思考ツールとしての中心となる問いをつくろう

中心となる問いは、そこからさまざまな学習活動が生まれることが望ましく、そこから派生する分割された問いは、さまざまな視点や示唆をもたらしてくれるものが望ましいと説明しました。まさに思考ツールとしての問う力が発揮される場面でもあります。

それでは、このような中心となる問いはどうやってつくることができるでしょうか？

アメリカでのPBL実践の最古参ともいえる団体「PBL Works」（BIEから改名しました）は中心となる問いとほぼ同義の〝Driving Question〟の基準として、次の3つを挙げています。

・学習者が理解でき、興味を持って、次の問いが派生する
・オープンエンドであること（ネット検索だけではすぐに回答できないもの）
・学習目標にヒモづいているもの

ここでは、オープンエンドでない（つまり、検索すれば回答できてしまう）問いからスタートして、オープンエンドで、かつ学習者が理解でき、興味を持って次の問いが派生する中心となる問いをつくり出してみましょう。

まずテーマを〝街の防災マップ〟としてみましょう。実際に「街の防災マップを作ろう」というPBLは各地で行なわれています。

まず「街の防災マップを作ろう」を問いにすると「街の防災マップに何を示すか？」くらいになるでしょう。この問いに答えるためには、役所のホームページで公開されている防災マップを検索して、ダウンロードするだけで事足ります。ここから問いづくりをスタートさせましょう。

ここで、ヒントになるのは〝学習目標にヒモづいている〟ことです。これが社会の学習の一環なら、「街にはどのような人が住んでいて、公共施設のリスクマネジメントはどのようになっているのか？」あたりが狙いどころとなるでしょう。

一方、理科の学習の一環なら、気候や地理や建築などの知識をベースにして、防災を考えていくという方向性が考えられます。

前者なら、主語や主体を明確にしてみましょう。「誰も取り残さない街の防災マップは、どのようなものにすればよいのか？」ではいかがでしょう。後者なら時間軸を応用して、「１００年間使える街の防災マップは、どのようなものか？」などはどうでしょう。検証作業として、この中心となる問いから、どのような分割された問いが派生しそうかを考えてみます。

前者なら「街にはどんな人が住んでいるのか？」や「災害が起きたときに、それぞれどんなことに困るのか？」「その困りごとを解決するために、役所はどんな準備をしているのか？」などがありそうです。

また、後者なら「ここ１００年間でどんな種類の災害が起きているのか？」「それぞれ、何が原因で起きているのか？」「現状では、どのような備えができているのか？」などが新たな問いとして生まれそうです。

最終的には細かい言葉の選び方も重要になってきますが、幹となる中心となる問いを生み出すためには、このような思考のプロセスをたどるとよいでしょう。

練習3－3：どんな問いがつくれますか？

ねらい：さまざまな視点や示唆をもたらしてくれる分割された問いを生み出す中心となる問いをつくれるようになる。

やりかた：次ページの表を使って、「オープンエンドでない問い」を、学習目標を考えながら修飾し、「オープンエンドな中心となる問い」にしましょう。また、それからどのような分割された問いが派生しそうか検証してください。

オープンエンドでない問い	オープンエンドな中心となる問い	派生しそうな分割された問い
〈例〉街の防災マップに何を示すか？	〈例〉誰も取り残さない街の防災マップは、どのようなものにすればよいのか？	〈例〉街にはどんな人が住んでいるのか？ 災害が起きたときに、それぞれどんなことに困るのか？ その困りごとを解決するために、役所はどんな準備をしているのか？

？学習目標／評価のレベルからゴールとなる問いをつくろう

学校でも企業でも、インストラクショナル・デザイン（教育設計）の考え方が一般的になるにつれ、学習目標と評価は表裏一体であるという認識が広まりつつあります。

21世紀を目前にしたカナダのクイーンズ大学では、「いわばコインやポイントのように単位を集めるだけの学生を、真の学びに向かわせるには、どんなシラバスの提示と評価システムがふさわしいのか？」という問いに答えるため、F・ヤングを中心に「ICEアプローチ」を採用しました。

これはある学習領域について、初学期からエキスパート期のステップを、Ideas（考え）、Connections（つながり）、Extensions（応用）の3つに分け、初学期にはIdeasのレベルの学習を提供してその評価を行ない、中級期にはConnections、エキスパート期にはExtensionsの学習と評価を求めるというものです。

もう少し詳しく説明しましょう。

Ideasは、「教えられたものをその通りに思い出せるレベル」として定義されています。

またConnectionsは、「知識や経験など、自分のすでに知っていることと結びつけて説明できるレベル」として定義されています。

最後のExtensionsでは、「新たに学んだことをもとに〝私（たち）には何ができるか？〟という問いに答えられるレベル」という定義になっています。

それぞれの学習目標のレベルに到達しているかを評価するための問いについて考えてみましょう。

たとえば、テーマがジェンダー平等であれば、「（すでに教科書などに書いてあり、情報として提供済みのものとして）ジェンダー平等は、どのような社会的背景からより求められるようになったと考えられているか？」という問いは、Ideasであり、「あなたの身の回りで起きているジェンダー平等に反する問題にはどのようなものがあるか？」という問いはConnectionsになり

ICEアプローチ　S.F.Young The ICE Approach

考え （Ideas）	つながり （Connections）	応用 （Extensions）
教えられたものをその通りに思い出せるレベル	知識や経験など、自分のすでに知っていることと、結びつけて説明できるレベル	新たに学んだことをもとに「私（たち）には何ができるか？」という問いに答えられるレベル

ます。

また、「世界のジェンダー平等の実現のために、私たちには何ができるか？」という問いは、Extensionsのレベルになるでしょう。

日本でも、難関校の入学試験に、模擬試験の作問のレベルを類似させるために生まれた「思考コード」というものがあります。

思考コード自体は、タテ×ヨコの2次元のモデルですが、ここではわかりやすくレベルを直線的に説明しましょう。

「知識・理解×単純」「応用・論理×複雑」「批判・創造×変容」の順に、求められる思考のレベルが上がっていくとしています。

「知識・理解×単純」は、「授業で聞いたことや参考

思考コード　首都圏模試センター

知識・理解×単純	応用・論理×複雑	批判・創造×変容
授業で聞いたことや参考書などに書いてあることを、そのまま説明すればよいレベル	システムやメカニズムを理解したうえで、対比・適用した説明ができるレベル	ディベートのようにクリティカル（批判的）で、創造的な思考を求められるレベル

書などに書いてあることをそのまま説明すればよいレベル」ですが、入試などではほどよく要約して表現する必要があるかもしれません。

それに対して、「応用・論理×複雑」では、問題で提示されているものを要素分解し、そのシステムやメカニズムを理解したうえで、ほかのものと対比させたり、ほかのものに適用させたりする説明を求められます。

たとえば、高齢化社会をテーマにするなら「高齢化社会が日本にもたらすマイナスの影響には、どのようなものがありますか？」という問いは、教科書や参考書、あるいはネットなどから得られる情報を知ってさえいれば、それを簡潔に表現するだけで済むレベルの問いです。

しかし現在、若者が急増しているアジア諸国のデータを示しながら「これらの国で、今後、高齢化は社会的な問題になると思いますか？」という問いになると、先進国で高齢化が起きるメカニズムを理解したうえで、それを途上国に当てはめ、思考を進める必要があります。

一方「現在、高齢化は社会問題であるという前提で政策決定がなされていますが、むしろ高齢化は望ましいものという前提に立ったとき、あなたならどのような政策をとりますか？」という問いではどうでしょうか？　ディベートのようにクリティカル（批判的）で、それゆえ創造的な思考を求められるものとなるでしょう。

思考コードは、もともと模試制作のために生まれた分類ですが、「それらの問いに答えるために、どのような学習をしたらよいのか？」という問いを立てたなら、それはそのまま学習目標を示唆し、おのずと授業などでの学習活動も変わっていくでしょう。

練習3-4：どんな問いがつくれますか？

ねらい：学びのレベルに応じた、適切なゴールの問いを設定できるようになる。

やりかた：206、207ページの表の左の欄の「テーマ」に対して、目標とする学びのそれぞれのレベルに応じた、ゴールとなる問いをつくってみましょう。

ICEアプローチ

テーマ	Ideas	Connections	Extensions
〈例〉ジェンダー平等	〈例〉ジェンダー平等は、どのような社会的背景からより求められるようになったと考えられているか？	〈例〉あなたの身の回りで起きているジェンダー平等に反する問題にはどのようなものがあるか？	〈例〉世界のジェンダー平等の実現のために、私たちには何ができるか？

思考コード

テーマ	知識・理解×単純	応用・論理×複雑	批判・創造×変容
〈例〉高齢化社会	〈例〉高齢化社会が日本にもたらすマイナスの影響には、どのようなものがありますか？	〈例〉（アジア諸国のデータを示しながら）これらの国で、今後、高齢化は社会的な問題になると思いますか？	〈例〉現在、高齢化は社会問題であるという前提で、日本では政策決定がなされていますが、むしろ高齢化は望ましいものという前提に立ったとき、あなたならどのような政策をとりますか？

？学習者の中にある〝答え〟を引き出すためには？

問いづくりの講座を行なっていると「答えは学習者の中にあるのだから、相手にゆだねるのがファシリテーションではないですか？」「あまり問いを絞り込みすぎると、学習者の主体性を引き出せないのではないですか？」という質問をよく受けます。

それでは、自分のキャリアを考えるような場で、ただ「どうなりたいのか？」という問いだけを投げかけたら、どんなことが起こるでしょうか？　中には明確なビジョンがすでにあって「10年後には、〇〇になっていたいです。そのために、今は資格の勉強をしています」などと即答できる人もいるでしょう。一方、どこから考えたらよいのか戸惑ってしまう人もいるでしょう。

この場合「どうなりたいのか？」という問いで、相手の中にあるおぼろげな何かが、言語化されるでしょうか？　戸惑っている学習者にとって「どうなりたいのか？」という問いは、〝学習者の中にある答え〟を引き出せていません。

もちろん、「明確なビジョンを持っている人もいる中、自分はそういうものを持っていないと気づく」とか、「自分はおぼろげながら思っている未来のことを、言葉で説明するのが苦手だと自覚する」ことが目標なら、機能したといえるでしょう。

しかし、目標が「自分がどうなりたいのかを真剣に考えたうえで、何かしらの表明ができる」であるなら、そこには到達できていないため、〝機能していない〟ということになります。

これでは、学習者に思考の領域を丸投げしているようなものです。〝ゆだねる〟といっても、問いを提示する側のつくりの甘さを覆い隠す、言い訳になってしまっているのではないでしょうか。

では、まだ言語化できていない、学習者の中にある答えを引き出すためには、どうしたらよいのでしょう？　たとえば、情報を整理する、思考の領域を絞りながらさまざまな視点で考える、（場合によっては、少し考えたあとに）視点を広げてみる、矛盾やジレンマに気づき、その解消のための行動を導くといった学習の流れと、適切な分割された問いが必要でしょう。

そして、ここで設定される問いは、主体性を奪うものではなく、学習者に寄り添い、思考を前に進ませる伴走者としての役割を果たすのです。

たとえば、「いろいろなことを発見しながら、好きなところへ向かってください」と言って、泳げない人を大海原に置き去りにしても、主体性は引き出されません。「準備体操をする」「ライフジャケットを着て浅瀬で練習する」といったステップがあって、ようやく安心して自分の意思で海に泳ぎ出せるでしょう。

主体性が重視され、学習者の中にある答えを引き出すことが期待される場面では、より高いレベルの問う力が求められているのです。

ゴールとなる問いを分割する

中心となる問いは、学習者が寄り道をして、分割された問いを派生させることで、豊かな学びが生まれることを期待するものでした。一方、ゴールとなる問いに関しては、学習者が迷いなくゴールに到達できるよう、それを提供する側が適切な分割された問いを提供していきます。

基本的な考え方は次のようになります。

1　そもそもゴールとなる問いを分割すべきなのか？
2　分割するとしたら、どれくらい分割するか？
3　どういう問いで分割するか？

まず1の「そもそもゴールとなる問いを分割すべきなのか？」に答えるには、「この全体の問いだけで、学習者は答えられる（話せる）だろうか？」という検証をすることです。

「この問いに答えられるだろうか？　話せるだろうか？」と、常に自分がつくった問いを疑うことはとても重要です。

特に3人称の問いで複数の人が対話をする情況では、グループの中で問いの意図を理解できず、対話から取り残されてしまう人が出てしまうことがあります。しかし、2人称の問いとは違って、〝取り残されている〟ことを見落としてしまう可能性が高いのです。

これはゴールとなる問いに限らず、すべての自分がつくった問いに対して事前に検証し、もし少しでも不安があれば、その不安を補完するものをプログラムの中で用意する必要があります。

より応用的なワークショップでの問いについては第4章で扱いますが、ここでは分割された問いの中で、導入として学習者の「興味をひく問い」と、ゴールに導く中間的な「足場かけの問い」を考えていくことにします。

たとえば、高校のキャリアデザインの授業で「あなたはどういう社会人になりたいのか？」をゴールとなる問いとして設定した場合を考えてみましょう。そもそも「社会人とか、ピンと来ないし、まだ関係ないよ」と生徒が思ってしまっては、問いは機能しそうにありません。まずは〝社会人〟への興味をひく必要がありそうです。これが最初の導入となる興味をひく問いです。

また、いきなり未来のことをイメージする前に、時間軸を現在に設定して、「今ワクワクすること」や「自分の強みだと思うこと」などを考えさせておくと、その延長線上としての〝社会人〟がイメージしやすくなるかもしれません。このように段階的な思考を助けるものが中間的な足場かけの問いです。

それでは、最初の導入となる興味をひく問いから考えていきましょう。

ゴールに導くための分割された問いをつくろう①
——学習者の興味をひく問い

導入で活用する分割された問いは、ゴールとなる問いへの興味をひくものです。1980年代から盛んになったモチベーションの研究に続き、そのきっかけや持続の源泉になる〝興味〟の領域では、2000年代からその重要性がデータによって示されるようになってきました。この領域を専門的に研究するJ・ハラツキェヴィチによると、興味には、〝状況的(に仕組まれた)興味〟と〝個人的(に持続する)興味〟があり、「個人的興味は持続的なモチベーションの源泉となり、ゆえに高い成果とキャリア的成功をもたらす」と結論づけています。

このように重要視されるようになってきた興味の領域ですが、こと日本の学びの現場では、学習者の興味をひくことへの意識がまだまだ手薄と言わざるを得ない状況です。大きな原因の1つは、その学びを提供する先生やファシリテーターが〝その領域に興味がある専門家〟であることでしょう。つまり「自分はこんなに興味があるのに、この領域に興味を持てない人のことは理解できない（信じられない！）」という情況が往々にしてある、ということです。

確かに、それぞれの領域は非常に興味深く、学びを深める価値のあることだと思います。しかし、初学者はまだその入り口にも立っていないのです。

さて、それではそのような初学者の興味をひくためには、どうしたらよいでしょうか？ここでは、インストラクショナル・デザインでよく取り上げられるJ・ケラーの「ARCS動機づけモデル」をそのヒントとしましょう。

「ARCS」は、動機づけのための4つの要素――Attention（注意）、Relevance（関連）、Confidence（自信）、Satisfaction（満足）の頭文字をとったものです。

Attention（注意）は学習者がテーマに対して「あれ、なんだろう？」と思うくらいのものです。引き続き、「これは（自分に関係あるから）ちゃんと聞かないと！」とRelevance（関連）までたどり着けば、十分に興味をひけたといえるでしょう。

Confidence（自信）とSatisfaction（満足）は、のちほどご説明しますので、まずは、AttentionとRelevanceを意識した問いづくりにチャレンジしてみましょう。

Attentionの定番の問いは「〇〇を知っていますか？（見たことがありますか？）」です。このとき、〇〇をそれほど知っている必要はありません。なぜなら、「あれ、なんだろう？」と思うくらいでよいからです。もちろん、「それを見たことがあれば、なおよし」というレベルです。

少し工夫するなら、数字を使うというテクニックがあります。たとえば、「49パーセント。これはなんの数字でしょうか？」のようなものです。ちなみに、この数字はこれから15年で、今ある仕事がなくなるとされている割合です。

ARCSモデル	受講者の動機
Attention 注意	面白そう 好奇心が刺激された
Relevance 関連	自分の興味・関心・経験と 関連性がある
Confidence 自信	自分でもできそうだ 自信がついた
Satisfaction 満足	実践してよかった また次も挑戦してみたい

Relevanceまで進むには、〝自分との関連性〟を感じさせる必要があります。「大人になっても、自分の好きなことに時間を使いたいなあと思いませんか？」

ここでの主語はもちろん「あなた」です。ここで「あるかな」くらいの反応が得られたら、「たとえば、どんなこと？」と垂直の問いを重ねれば、より〝自分との関連性〟を強調できるでしょう。

少し違う分野ですが、多くの通販の番組などの始まり方はAttentionやRelevanceを意識してつくられています。

たとえば、膝の関節痛に効能のあるサプリメントを販売したい番組では、最初からサプリメントの成分説明から入ることはありません。よくあるのが「こんなときに膝の痛みを感じませんか？」といった膝の痛みを思い出させたりするアプローチや、「サポーターを毎日膝につけるのは面倒だと思ったりしませんか？」といった、「そういうことは私にも該当する」という感情につながるようなストーリーです。つまり相手に「それ、あるある」と思わせる導入です。このようにして、メインテーマであるサプリメントへの興味をひいているわけです。

練習3-5：どんな問いがつくれますか？

ねらい：授業や研修の導入で、学習者の興味をひく。

やりかた：次ページの表の左の欄の「テーマ」に関して、「Attention（注意）の問い」や「それ、あるある」と思わせる「Relevance（関連）の問い」をつくりましょう。

テーマ	Attention（注意）の問い	Relevance（関連）の問い
〈例〉（高校の）キャリアプログラム	〈例〉49パーセント。これはなんの数字でしょうか？	〈例〉大人になっても、自分の好きなことに時間を使いたいなあと思いませんか？

ゴールに導くための分割された問いをつくろう②
——足場かけの問い

いきなりゴールとなる問いに答える、あるいはそのことについて話すのは難しい、となったときに活用したいのが、段階的な思考を助ける中間的な足場かけの問いです。繰り返しになりますが、これはその前に「この問いに学習者は答えられる（話せる）だろうか？」という1人称の問いがあってこその発想です。興味と同様、それを専門とする教える側は、〝できない人がいる〟事実に気づきにくいことを自覚する必要があります。

さて、この「足場かけ」という言葉は、1970年代からの「人はどのように1人でできるようになっていくのか」という研究の中で使われはじめました。

特に職人芸と呼ばれるような〝すべてを言葉にするのは難しい〟領域の〝できるようになるまで〟を研究対象とすることが多かったことから、伝統的な学校での学び方とは正反対のものとして捉えられることも多いようです。

ここでは、ＡＲＣＳ動機づけモデルの残り2つ、Confidence（自信）とSatisfaction（満足）を活用して、問いを考えていきたいと思います。

Confidenceは主に未知のことに対して「これならできそうだ」と思えるということです。Satisfactionは「やってみたら、よかった」と感じることを指しています。

したがって、学習者にとって少し努力しないと到達できないゴールとなる問いに比べると、「これなら答えられそう」というレベルで、しかもそのあと、グループ内での対話などで「自分の考えをほかの人に話せてよかった」と感じられるものがよい、ということになります。

となると、この中間的な足場かけの問いは、「すでに学習者の中に答えがあるもの／気軽に答えられるもの」や「直前に情報提供などがあり、少し考えたり、思い出したりすればすぐに答えられるもの」ということになるでしょう。

たとえば、高校のキャリアプログラムなら、「今、一番楽しいと思えることはなんですか？」くらいにすれば、何かしら答えてもらえそうですね。こちらも続けて「特に、それの何が楽しいですか？」と垂直の問いを重ねれば、その人の持つ感情や価値観のレベルの自覚をうながせるでしょう。

一方「あなたの強みはどこだと思いますか？」では、自分の強みをうまく言葉にできなかったり、まだ自覚できていなかったりすることもあるでしょう。その場合は、問いだけでなく、たとえば〝強みの分類リスト〟などを渡して、それを参考にさせるというのも、よい足場かけになりそうです。

また、「話せてよかった」となるためには、それぞれの答えが異なって、しかも唯一の正解というものがない問いのほうが望ましいといえます。そのような内容なら、自分の考えを話すのが苦手な人でも「話せてよかった」となるでしょう。

このように、あくまで学習者の目線で「答えられそう」「話してよかった」となるものをゴールとなる問いの前に置くのが、中間的な足場かけの問いです。このあたりまでくると、また〝よい問いをつくりたいシンドローム〟が頭をもたげそうになるかもしれませんが、その期待される機能を考えて、シンプルでわかりやすい問いを投げかけてみましょう。

練習3-6：どんな問いがつくれますか？

ねらい：ゴールとなる問いに、無理なく学習者を導く。

やりかた：下の表の左の欄の「テーマ」に関して、「Confidence（自信）の問い」や「Satisfaction（満足）の問い」をつくりましょう。

テーマ	Confidence（自信）の問い	Satisfaction（満足）の問い
〈例〉（高校の）キャリアプログラム	〈例〉今、一番楽しいと思えることはなんですか？	〈例〉（強みの分類リストを渡したあとに）あなたの強みはどこだと思いますか？

？意見が出にくかったり、話が盛り上がらなかったりする原因

190ページから、学びの場での全体の問いと分割された問いについて説明してきました。ここからは、会議も含めた3人称での内容となります。

会議や授業、ワークショップなどで、せっかく問いを投げかけても意見や考えが出にくかったり、意見や考えが出てもそれに対して「私も同じです」で終わってしまって、まったく盛り上がらなかったということはありませんか？

こんなとき、分類すると次の3つのうちのどれか、あるいは2つ以上が足りないことが原因になっているようです。

- **安心感とやる気**
- **知識（情報やリソース）**
- **スキル**

2人称の問いの会話の質と自己開示で、会話の質にはレベルがあり、自己開示のリスクを感じてしまうと、人は深いレベルのことを話すことを避けるということをご説明しました。

1対1の場面でも、そのようなことが起きてしまうわけです。3人称の問いのように相手が複数の場合、よりリスクを感じやすく、人は口を閉ざしてしまいがちであるということは、容易に想像できるでしょう。したがって、さまざまな情報や考え、気持ちなどを出しやすくするためには、まず安心感を提供する必要があります。

一般的にはこれは「アイスブレイク」と呼ばれます。しっかりとお互いの自己紹介をするとか、この場で話された内容があとで話者のリスクとならないよう約束する、といったグランドルールを提供します。

ここで重要なのは、**〝自己開示のための安心感を提供する〟**ということです。

たとえば、ワークショップなどで、〝非日常の楽しさ〟を強調するあまり、安心感の提供というより、戸惑いを提供してしまっているケースが散見されます。

なんのためのアイスブレイクなのか、見直してみてください。アイスブレイクのつもりでやっていたのに、〝アイスビルディング〟になってしまっていませんか？

また、積極的な参加をうながしたいなら、やる気にアプローチすることも大切です。メリットを提示したり、参加者や学習者の関心事と、内容を結びつけたりして、興味をひくとよいでしょう。

さて、安心感とやる気があれば、それで十分でしょうか？

問われたことに対して、そもそも（情報として）知らなかったり、忘れていたり、まだ自覚できていないといったケースでは、参加者や学習者は〝答えたくても答えられない〟状態になってしまいます。

そもそも知らないのであれば、講義や動画の上映、もしくは事前に調べてきてもらったりするといった、明確な知識のインプットが必要になります。〝知っているはずだけれど忘れている〟のであれば、思い出せるようなアクティビティや、ディスカッションを入れるとよいでしょう。

また、自分がそもそも何を持っていたり、使えたりするのか、リソースを考えさせることも有効です。

一方、ディスカッションのスキルや、テーマに直接的に関係するスキルが不足しているということが原因になることもあるでしょう。問われて考え、すぐに意見を言うことに慣れているなら「なぜ?」や「どうすればいいか?」といった、難易度の高い問いから始めてもよいかもしれません。しかし、そうでなければ、答えやすい問い、たとえばクローズド・クエスチョンから入るといった工夫が必要です。

入念に準備しても、意見が出にくかったり、話が十分に盛り上がらないということはあり得ます。そんなときは、この3つの原因のどれが障害になっているのか、落ち着いて分析してみてください。原因がわかれば、その場で適切な介入をしたり、次の回での改善につなげることができるでしょう。

例示による介入
――問いが〝機能していない〟と観察されたとき

さまざまな場面で、問いが〝機能していない〟と観察されるときがあります。具体的な兆候としては、「意見や考えが出てこない」や「場が盛り上がらず、グループでの対話がすぐに終わってしまう」などがあります。

反省はあとですることにして、その場ではどのように介入すればよいでしょうか？

まず、安心感の領域で障害があるなら、多少時間がかかってもアイスブレイクを追加するという方策が考えられます。そのときは〝それぞれの持つ情報〞が少しでも開示され、かつ〝開示しても大丈夫〞と思えるものにするとよいでしょう。

また「こんなくだらないこと発表していいのかな？」と内容について不安に思う参加者や学習者もいるかもしれません。こちらについては後述する答えの例示で解決できることがあります。

積極的な参加をうながせていない場合は、〝自分に関係がある〞と思えるメリットの提示を行なう必要があります。〝成績に関係する〞というのもメリットの提示の一種ではありますが、それぞれの関心事は、ゲームや流行のお菓子のことや、就職活動のことかもしれません。「三角関数は最近のゲームづくりには欠かせない」くらいの強引さでもいいので、関心事と目の前の学習テーマを結びつけた説明を試みましょう。

〝答えたくても答えられない〞状態なら、情報が必要です。この場合も追加の時間が必要ですが、「ちょっと復習してみようか」などと、いったん場を止めてしまうことも選択肢の1つです。

〝問いが難しすぎて答えにくい〟場合は、問いを答えやすく言い換えるという方法もあります。しかし、その時点でのベストだと考えていた問いだった場合、その場でそれよりも機能する問いを投げかけるのは難しいでしょう。

そんなときは、〝答えの例示〟を行なうとよいでしょう。

たとえば「今、一番楽しいと思えることはなんですか?」の例示としては「たとえば私（進行役）は、最近、寝る前に日常系のユーチューブをただ眺めるのにハマっています。なんかダラダラと見ているだけで1日の気持ちがリセットされるんですよね」などと、一例として具体的なストーリーを〝モデリング〟して話すと、参加者や学習者は「こんな風に話せばいいのか」と伝わります。

このモデリングには次の2つの要素があります。

それは、〝構成要素〟と〝気軽さ（あるいは真剣さ）などのレベル感〟です。

先ほどの例示では、次のような内容が含まれていました。これが構成要素です。

・ユーチューブ：楽しいと思えること

・日常系：より詳細な内容
・寝る前：タイミング
・ダラダラと：自分の様子
・気持ちがリセット：なぜそれが楽しいのか

また、同時に「ユーチューブを夜に見るみたいな、日常の話を話してもＯＫなんだ」という気軽さ（あるいは真剣さ）などのレベル感も伝えています。これは、場に対する安心感を与えることにつながります。

ただし、それぞれの介入策は、事前にデザインに組み込んでおいたほうがよいことばかりです。そのためには参加者や学習者に対する情報収集と分析はしっかり行なう必要があります。

事前にさまざまな場をイメージしてデザインしても、想定通りに進まない場はあるものです。しかし、この事前のイメージと、その現場で起きていることの客観的観察の両方があることで、適切な介入ができるのです。

精度の低い問いを投げかけ、その場しのぎの取りつくろいを行ない、最後は「今日のモヤモヤを大事にしてください」と終わるといった残念な結果にならないよう、問う力を日々高めておきたいものです。

3人称の問いの活用

ここまで、3人称の問いをつくるためのさまざまな練習をしてきました。ここで得られた「問う力」はどんな場面で活用できるでしょうか？

まず、会議の場では〝決めなくてはいけない〟ことを、時間内に決められるようになるでしょう。あなたがリーダーとして会議を進めていく立場なら、案内のメールなどにも「議題となる全体の問い」「進め方として分割された問い」を最初から入れておき、会議が始まる前にホワイトボードなどに書いておけば、よりスムーズに会議が進むでしょう。時間だけがダラダラすぎ、しかも何も決まらない苦痛な時間から、参加者すべてを解放することができるのです。

もし、あなたがリーダーなどの立場になくても、さりげなく「今日は○○○（全体の問い）ということで、私の理解は正しいですか？」などと冒頭で議題を問いで表現したり、それをホワイトボードに書いてしまうというのもアリですね。そのまま「書記をやります！」と宣言してホワイトボードを占領してしまえば、分割された問いや、介入の問いも活用しやすくなるでしょう。

また、このテクニックはＰＴＡや地域のコミュニティでの対話の場でも役に立ちます。学びの場では、学習者がその目標に到達することを、効果的に支援できるようになるでしょう。ただし、学びの目標が明確であることが必要です。問いは思考の領域を示すものですから、どんな思考の領域を期待するかは、問う側が前もって考えておかなければなりませんね。また、ＰＢＬなど、学習者の体験からの学びを期待するものでは、それがどんな学びだったのかを言語化するのにも問いは役に立ちます。ここからは、すでに定番となっているフレームを使って、さまざまな情況で「問う力」の練習を行ないます。あなたの身近な情況とは異なるものもあるかもしれませんが、想像して取り組んでみてください。

応用3－1：ワールドカフェで求められる3人称の問い

ワールドカフェという、組織やチームでの対話をうながすためのフレームがあります。ワールドカフェの進め方は、提唱者A・ブラウンとD・アイザックスの意向でオープンソースとされ、そのシンプルさと効果の高さゆえに瞬く間に世界に広がりました。

このワールドカフェの根幹をなすのが、3つのパワフルな問いです。一般的な会議と少し異なるのは、テーブルが複数用意され、それぞれのテーブルごとに問いに沿った対話が、同時多発的に行なわれるということです。参加者は同じテーブルの中で、1つの問いについて対話をします。ラウンドごとに席替えがあり、3つの問いについて、異なる参加者と対話をすることで、全体の流れが作られます。

ここでは、同じチームやコミュニティやチームに所属するメンバーが、そのチームやコミュニティに対する自分の考えや感じ方を語り合い、さらによりよい場にしていくという、全体の問いを想定して、3つの問いをつくってみましょう。ワールドカフェのフレームには、どんな問いにすればよいかの指示はないのですが、ここでは、次の流れで考えていきましょう。

1　チームやコミュニティの好きなところを語る

2　チームやコミュニティの嫌いなところを語る

3　チームやコミュニティをよりよくするための行動について語る

やりかた：次ページの表の中央の欄に「ストレートな問い」が書いてあります。その言葉をわかりやすく言い換えたり、修飾したりして、より答えやすく、「考えが前に進む問い」にしてみましょう。

フレーム	ストレートな問い	考えが前に進む問い
1.チームやコミュニティの好きなところを語る	どんなところが好きですか？	
2.チームやコミュニティの嫌いなところを語る	どんなところが嫌いですか？	
3.チームやコミュニティをよりよくするための行動について語る	チームやコミュニティをよりよくするために何をしますか？	

考えが前に進む問いをつくるヒント

❶ 場をスピーディに温めるためにより領域を絞る修飾をしてみましょう。

例「このチーム（このコミュニティ）の一番好きな部分はどんなところですか？」

❷ ネガティブな感情は出しにくいことがあるかもしれません。少し言いやすくなるよう言葉を加えてみましょう。

例「あえて言うなら、このチーム（このコミュニティ）の嫌いな部分はどんなところですか？」

❸ 誰が当事者かわからない行動計画ではもったいないですね。主語・主体をつけて、かつ、すぐに行動に移せるようハードルを下げる修飾をしてみましょう。

例「チーム（コミュニティ）のためにしてみたい、あなたができるちょっとした工夫はなんですか？」

応用3-2：新規サービスを創造する3人称の問い

状況としては、ユーザーの立場からメーカーに対して〝提案〟するような、インターンシップや、内定者を対象とした研修を想定してみます。

具体的思考と抽象的思考をほどよく行き来する足場かけを設計し、課題にひねりを加える工夫を入れ、次のような流れで考えてみましょう。

1 具体的経験を想起する

2 経験を抽象化する

3 （前提を否定して揺さぶり）新たな具体的アイデアを出す

やりかた：次ページの表の中央の欄の「ストレートな問い」をわかりやすく言い換えたり、修飾したりして、より答えやすく、「考えが前に進む問い」にしてみましょう。

フレーム	ストレートな問い	考えが前に進む問い
1. 具体的経験を想起する	○○をどんな場面で使っているか？	
2. 経験を抽象化する	気に入っている要素は何か？	
3. 新たな具体的アイデアを出す	その要素がない、○○とはどのようなものか？	

考えが前に進む問いをつくるヒント

❶ 少しポジティブな言葉を使って、❷への足場かけをしておきましょう。

例 「○○が使えてよかった、と思うのはどんな場面ですか？」

❷ 要素やポイントが、単なる細かい機能になっては抽象的になったとは言えません。2人称の問いのラダリングの手法を活用してみましょう。

例 「それが使えたことで、あなたにはどんな幸せがありましたか？」

❸ ❷を否定するけれど、「それ以上の価値がある○○」とはどのようなものか、考えさせる修飾をしていきましょう。

例 「その幸せは提供できないけれど、あなたが欲しくてたまらなくなる○○はどんな○○ですか？」

応用3－3：ORIDで体験を学びや次の行動に結びつける3人称の問い

学びの場で学習者の振り返りによく使われるのがORIDです。日本で発展した「PDCA」や「KPT（Keep-Problem-Try）」などと比較すると、出来事（Object）に対しての、内省的（Reflective）な1人ひとりの感情面にも焦点を当てていることが、ワークショップの振り返りにもフィットするゆえんです。

ワークショップが、たとえばそば打ちや陶芸の絵つけなどの、単なるモノづくりの体験のみの提供から、共創や非日常の体験と、そこからの学びの振り返りがセットで提供されるようになってきたことで、ORIDでの振り返りが多く取り入れられるようになりました。

ここでは、メインワークで何かしらの体験をしたあとの振り返りに使う情況を想定して、問いを考えてみましょう。

やりかた：次ページの表の中央の欄に「ストレートな問い」が書いてあります。その言葉をわかりやすく言い換えたり、修飾したりして、より答えやすく、「考えが前に進む問い」にしてみましょう。

フレーム	ストレートな問い	考えが前に進む問い
1. O:事実	どのような出来事があったのか？	
2. R:感情	そのとき、どのような感情になったのか？	
3. I:解釈	どのような学びがあったと思うか？	
4. D:次の行動	ワークショップのあと、どのようなことに取り組みたいか？	

考えが前に進む問いをつくるヒント

❶ 〝一連の〟体験の中から、このあとの学びの領域を当てるにふさわしいその人の体験に絞れるように修飾してみましょう

例 「どのような出来事が、あなたにとって一番印象に残りましたか？」

❷ その出来事がどのような感情によって引き起こされたのか、あるいはその出来事によってどのような感情になったのかを問いにしてみましょう。

例 「その出来事の前後では、どのような気持ちの動きがありましたか？」

❸ あくまで「O：(事実)」と「R：感情」の振り返りを踏まえての学びだとわかるようにしておきましょう。

例 「出来事とそのときの感情を念頭におくと、どのような学びがありましたか？」

❹ 時間軸をごく近い未来に向けるような修飾をしてみましょう。

例 「今日のこの場のあと、すぐに取り組みたいのはどのようなことですか？」

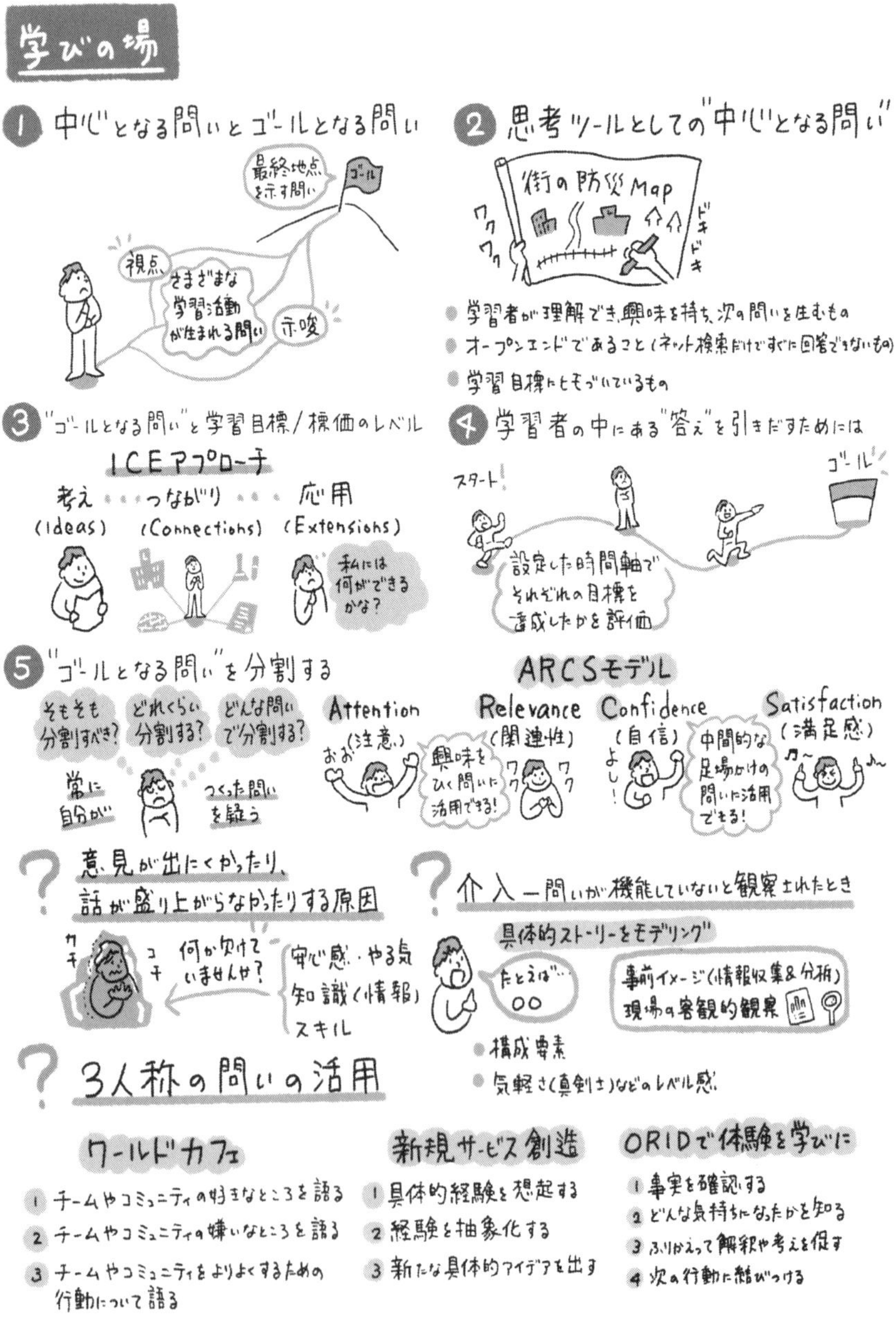

学びの場
1 中心となる問いとゴールとなる問い
最終地点を示す問い
ゴール
視点
さまざまな学習活動が生まれる問い
示唆
2 思考ツールとしての"中心となる問い"
街の防災Map
ワクワク
ドキドキ
学習者が理解でき、興味を持ち、次の問いを生むもの
オープンエンドであること（ネット検索だけですぐに回答できないもの）
学習目標にともづいているもの
3 "ゴールとなる問い"と学習目標/評価のレベル
ICEアプローチ
考え（Ideas）
つながり（Connections）
応用（Extensions）
私には何ができるかな？
4 学習者の中にある"答え"を引きだすためには
スタート！
ゴール
設定した時間軸でそれぞれの目標を達成したかを評価
5 "ゴールとなる問い"を分割する
そもそも分割すべき？
どれくらい分割する？
どんな問いで分割する？
常に自分が
つくった問いを疑う
ARCSモデル
Attention（注意）
おお
Relevance（関連性）
興味をひく問いに活用できる！
ワクワク
Confidence（自信）
よし！
中間的な足場かけの問いに活用できる！
Satisfaction（満足感）
意見が出にくかったり、話が盛り上がらなかったりする原因
カチコチ
何か欠けていませんか？
安心感・やる気
知識（情報）
スキル
介入ー問いが機能していないと観察されたとき
具体的ストーリーをモデリング
たとえば…〇〇
事前イメージ（情報収集＆分析）
現場の客観的観察
構成要素
気軽さ（真剣さ）などのレベル感
3人称の問いの活用
ワールドカフェ
1 チームやコミュニティの好きなところを語る
2 チームやコミュニティの嫌いなところを語る
3 チームやコミュニティをよりよくするための行動について語る
新規サービス創造
1 具体的経験を想起する
2 経験を抽象化する
3 新たな具体的アイデアを出す
ORIDで体験を学びに
1 事実を確認する
2 どんな気持ちになったかを知る
3 ふりかえって解釈や考えを促す
4 次の行動に結びつける

第3章 3人称の問い―複数人の思考をまとめる
Graphic Recording by Tomio Narita
複数の思考をまとめ、対話たよって新たなステージへ進める"3人称の問い"
会議
授業
説明会
など
合意形成
帰属意識
主体形成
組織 コミュニティ
新たなステージへ
3人称の問いづくり―練習のステップ
1 全体の問い
2 分割された問い
3 介入の問い
テーマ
アジェンダ
補足
うながし
方向づけ
会議の場面
1 会議のテーマを問いで提示する
2 会議の進め方やアジェンダを問いで提示する
3 会議での3種類の介入
テーマ
○○のために
できることは？
問いには答えを
うながす力がある
インフラ保全
外観修復
どっちを優先？
分割された問い
築35年劣化は？
困りごと・不満は？
費用はどれくらい？
論点を整理する問い
Q1…A1
Q2…A2
Q3…A3
○○さん
いかがですか？
意見を引き出す問い
話を元に戻す問い
意見への
感謝
ところで
○○について
いかがですか？

第4章

ワークショップにおける問いの実践

？ 本書におけるワークショップとは？

この章では、３人称の問いの中でも複合的な問う力が求められる、ワークショップについて取り上げます。ワークショップの目的や目標の設定、デザイン、振り返りまで、問いを使いながらブラッシュアップしていく様子をご紹介します。

ワークショップとは何かを語ると、それだけで1冊の本になってしまいますから、ここではなじみの薄い方のために、概略を説明し、本書でのワークショップの意味合いを確認しておきます。

まず、英語の「workshop」を（英和）辞書で調べてみると、真っ先に出てくる言葉が「工房」です。

今から５００年以上前のルネサンス期のイタリアでは、絵画が職業的に認められ、ラファエロのような〝人気アーティスト〟が大量の注文を受けていました。その需要に応えるために、仲間や弟子たちを集め、作業を分担して作品を生み出しながら、後進を育てる共同体としてワークショップがスタートしています。したがって、ワークショップには500年以上の歴史があることになりますね。

現在、これに最も近いワークショップは、同じ芸術分野である演劇の世界で行なわれているものです。多くは〝作品〟までいかない、小さな〝お題〟が与えられ、そこに集まったメンバーが互いの創意工夫で一連のストーリーを組み立て、演じられます。

この活動そのものが俳優の訓練になり、また、次の舞台のオーディションとして位置づけられることもありますから、ラファエロの時代と同様に〝職業訓練〟の色合いを残しているといえるでしょう。

この2つの例は、その世界の人たちにとっては〝日常〟ですが、鑑賞する人たちにとっては〝非日常〟です。つまり、それらを〝職業とはしない〟人たちが同じような活動を行なうと、〝職業訓練〟ではなく〝職業体験〟になります。

このような職業体験的なワークショップは、世界の至るところで行なわれています。

たとえば、陶芸の工房で行なわれるワークショップでは、絵つけといった1時間からずにできるものから、ろくろを回す本格的なものまで、レベルに合わせて、さまざまなものが用意されています。このようなワークショップは、皆さんも修学旅行や観光地などで何かしら経験されているのではないでしょうか。

本書で扱うワークショップは、こうした歴史的背景を踏まえて、教育やビジネスという、学生や社会人にとっての日常と、物づくり／ゲーム／野外体験（最近は屋内で可能なものも多くあります）といった非日常を結び、日常に活かしていく、狭義の領域のものを指すことにします。

このような狭義のワークショップの定義として有名なものは、教育領域でのワークショップの日本の第一人者といわれる中野民夫さんの「講義などの一方的な知識伝達のスタイルではなく、参加者が自ら参加・体験して共同で何かを学び合ったり、創り出したりする学びと創造のスタイル」というものです。

また、ビジネス領域でワークショップを活用している安斎勇樹さんは「非日常性、民主性、共同性、実験性と4つの構成要素で説明され、実践の領域や目的によってそれぞれの比重は異なるが、ワークショップのような形式をとっていたとしても4つのエッセンスのすべてが消失したら、それはもはやワークショップではない」と〝ワークショップではないもの〟の定義をすることでワークショップを語ろうとしています。

どちらも日常と非日常の行き来をしながら、教育やビジネスという日常への還元を目指すものを表現しているといえそうです。

ここでは、「日常と非日常の行き来」という言葉を使いましたが、シンプルなワークショップは、日常から非日常を体験し、教育やビジネスという日常に役立てるという往来になります。

これを模式的に表すと下の図のようになります。

この領域でのワークショップで一番難しいのは、日常と非日常の距離感です。

あまりに非日常的なワークショップは、参加者からすると抽象的すぎたり、概念的すぎたりして、一部のマニア受けで終わってしまうリスクがあります。

一方で日常に近くなればなるほど、

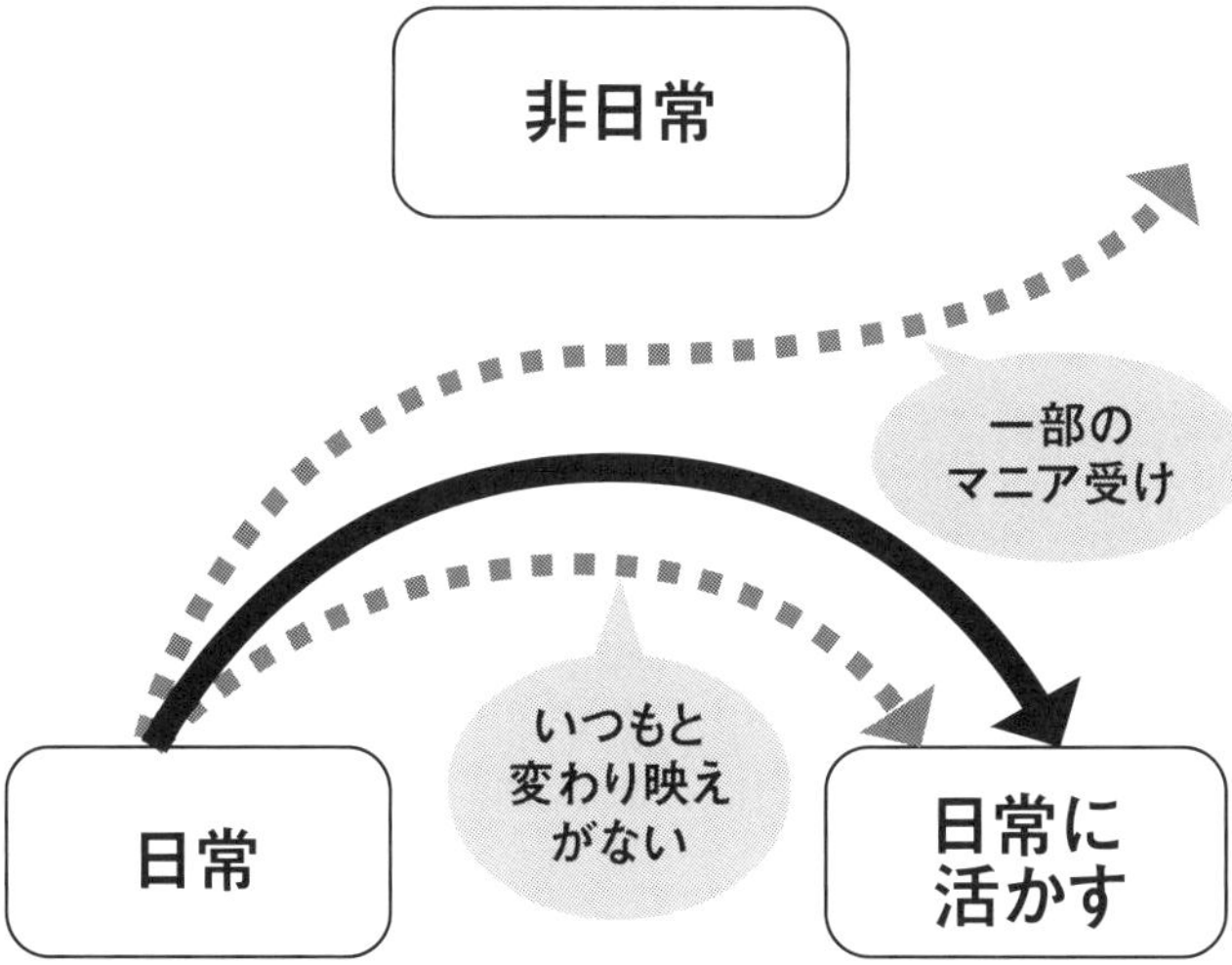

具体的、現実的で「わざわざ来たのに、いつもと変わり映えしないなあ」という感想を持たれてしまったりするのです。

昨今は、さまざまな分野の〝(元)専門家〟が、その非日常的な体験を武器として、教育やビジネスの分野での応用を試みようとしています。参加者の満足度も高く、しかも役に立つという評価が得られるワークショップは、この距離感の設定が絶妙です。

皆さんもワークショップに参加されたり、ご自分がワークショップを設計したりするときには、この日常と非日常の距離感に焦点を合わせて、捉えてみてはいかがでしょうか。

ここまでは1人称の問いから3人称の問いまでスモールステップで、順を追って進んできました。章末では代表的なフレームを使いながら、より機能する問いをつくり出す練習もしてきました。

しかし、問う力の本領が発揮されるのは、そのような定型化されたものについてだけではありません。この章では、ワークショップでの問う力の実際をいくつかご紹介したいと思います。

ワークショップの目的と目標

ワークショップは、日常と非日常、教育やビジネス、体験と成果物など、さまざまな要素を持っています。ですからワークショップの目的に応じて、プロセスを重視した問いや、アウトプットを重視した問いをつくる必要があります。

ワークショップとは、いくつかある手法の1つにすぎないので、得手・不得手やメリット／デメリットが存在します。そこを理解したうえで、本来の目的の中に、ワークショップというスタイルをどのように取り入れるか、判断することが大切です。ワークショップですべて解決できるという思い込みは危険なのです。

どの現場においてもファシリテーターは、ワークショップの目的や目標を達成するために「何が必要なのか？」「どんな阻害要因があるのか？」「阻害要因を取り除くために、もしくは目的を達成するためには何が必要なのか？」といったことを、クリアにする必要があります。

・目的：なんのためのプログラムなのか？　なんのための集まりか？
・目標：どこまで行くのか？　何を決めるのか？　どういう状態を目指すのか？

これは、ワークショップをデザインするファシリテーターに向けた1人称の問いです。ワークショップに依頼者が存在すれば、依頼者に向けての2人称の問いにもなります。目的や目標を含むゴールイメージがあいまいなまま設計をしてしまうことが、ワークショップで機能しない問いを投げかけることになってしまう一番の原因です。知識の獲得なのか、スキルの習得なのか、マインドや態度を醸成することなのか、新しいアイデアを生み出すことなのか——明確なゴールイメージがなくては、機能する問いはつくれません。

しかし依頼者がいる場合は、依頼者とファシリテーターとの間に、ゴールイメージに対する解釈の差が生まれることがしばしばあります。その結果、ワークショップが終わってから、依頼者に「そういうのじゃなかった」と言われてしまうという残念な情況が起こってしまうのです。

「依頼者がいるなら、ゴールイメージをちゃんと確認しておくのは当たり前のことなのに」と思われるかもしれませんが、これが非常に難しいのです。

なぜなら、人は〝自分が何を望んでいるのか〟について、意外に言語化できていないからです。

たとえば、美容室などに行って「どんな髪型がよろしいですか?」と聞かれて、自分が望んでいるイメージを言葉で伝えるのに困った経験はないでしょうか? もしくは「ずっと付き合いたいパートナーは、どういう人ですか?」という問いにも、「優しい人がよい」という、あいまいにしか言語化できないケースも多いと思います。

ですから、ワークショップを依頼されたときは事前の打ち合わせで、ワークショップのゴールイメージについて、依頼者と対話をしながら言語化しておくことが、とても重要になります。

？ゴールイメージを明確化する対話例

依頼者とファシリテーターとの間で、ワークショップのゴールイメージを言語化する対話の例を挙げてみましょう。２人称の問いを使いながら、ゴールイメージを絞り込み、共有していく様子を確認してください。なお、（ ）内は井澤が自分に問う、１人称の問いです。

依頼者 今回は当社の３年目研修のプログラムの一部として、ＳＤＧｓ（国連による世界の持続可能な17の開発目標）をテーマにしたワークショップをお願いしたいと考えています。参加者は80名ですが、２時間くらいで大丈夫でしょうか？

井澤 （ゴールイメージが決まらないと、２時間で大丈夫か判断できないな。目的や目標はなんだろうか？）

２時間でＳＤＧｓのワークショップを実施したことはありますが、内容によっては「２時間では足りない」と判断したこともあります。場合によっては３～４時間や、

1日必要です。今回のワークショップの目的や目標はどういったものになりますか？

依頼者　中期経営計画に、経営にSDGsをどのように反映させ、実践していくかが盛り込まれる予定になっています。それに合わせて、SDGsについて社員の理解や行動をうながし、社内浸透を図りたいというのが、今回の目標です。

井澤　（SDGsの理解、行動、よく聞くリクエストだけれど、具体的にはどんなレベルなんだろうか？）

なるほど、御社でのSDGsに対しての取り組みをよりうながすために、まずはSDGsへの理解を深めたいというのが目的ですね。

SDGsの理解という点なんですが、たとえば単に「SDGsは2030年に向けた17のゴールから構成されている」という程度の理解ではない、という感じがするのですが、いかがですか？

依頼者　そうなんです。SDGsとは何かや、その重要さは学んでいるのですが、なかなか自分の業務とSDGsをつなげてイメージできないという声もあがっていて……。

井澤　確かにSDGsのことをWebや書籍などで調べると、最初に貧困や飢餓から始まるので、「ＳＤＧｓといえば途上国の問題を解決することでしょう」というようなイメージで終わってしまって「うちの会社はアフリカと関係ないし」で終わってしまう場合もありますね。いわゆる〝自分ゴト〟になっていないという状態ですか？

依頼者　ああ、まさにそれです。自分ゴト。

井澤　そうすると、〝自分の業務とＳＤＧｓをつなげてイメージできる〟レベルの理解が目標ということですね。

依頼者　はい。

井澤　先ほど「行動をうながす」ともおっしゃられていましたが、今回のワークショップでも、そこまでを期待されますか？

依頼者　できれば。あっ、でも2時間ではやっぱり難しいですか？

井澤　具体的な〝アクションプラン〟まで考えるとなると、2時間では厳しいですね。「こういうアクションもあるのか」という〝行動のきっかけ〟が整理されることがゴールでよければ、2時間でも大丈夫です。

依頼者　〝行動のきっかけ〟ですか。……いいですね。

井澤　（だいぶ絞れてきたけれど、個人的な行動でいいのか、会社全体を巻き込む行動が求められているのか、どんな視野や視点で考えるのがよいのだろう？）

ワークショップの最後の問いが〝行動のきっかけ〟につながるんですが、次の3つのうち、どれがイメージに近いですか？

・あなたは、SDGsの達成に向けて、今、何ができると感じていますか？

・あなたは、自分の業務を通じて、SDGsの達成に向けて、何ができると感じていますか？

・あなたの会社／事業部はSDGsの達成に向けて、何ができると感じていますか？

依頼者　ああ、ちょっとずつ組織や会社の視点が入ってくる感じですね。それぞれ、どんな答えが出そうでしょうか？

井澤　最初の問いだと「日々の買い物でエコバッグを使う」というような日常的なものも出てきますね。

依頼者　うーん、今回は3年目全員参加の階層別プログラムですから、業務を通じて何ができるかを考えてほしいですね。2番目の問いと3番目の問いだとけっこう違いますか？

井澤　2番目の問いだと、たとえば「ムダな印刷はしない」といった意見が出ますが、

3番目の問いだと「ペーパーレス化の推進」という表現になります。
同じことを言っているようにも思えますが、〝自分だけがコツコツやる〟ということから〝ほかの人も巻き込んで〟という広がりが出ますね。

依頼者 なるほど。同期が全員で集まるプログラムはこれで最後なので、自分だけというより、もう少し広い視野や高い視点で考えてほしいかな。ただ、あんまり会社や組織ってなると、自分ゴトから遠くなりますね。ちょっと部内で検討します。ここまで事前に提示してもらえると助かります。

このプログラムでは、ＳＤＧｓという〝世界〟の、〝２０３０年〟の目標という、日常業務から遠い内容を扱いながら、最終的には仕事に関係のある、しかもそれまでよりも広い視野や、高い視点を獲得したうえでの〝行動のきっかけ〟を、ゴールイメージとして共有できました。
実際のワークショップにおいて、このレベルの自分ゴト化を担保しながら、どのように日常と非日常の行き来を実現すればよいかは、分割された問いが要となります。

自分ゴトとして取り組みに向かわせる問い①
――テーマへの興味や関心を持たせる

最近のワークショップや研修では、アウトプットとして自分ゴトとしての取り組みを求められる場面が多くなりました。たとえば、パワハラ研修を受けたマネージャーが、研修後のペーパーテストで100点満点を取ったとしても、現場に戻ってハラスメントをしていたら、意味がありませんよね。

また、ワークショップなどでアクションプランや行動計画（目標）などを立てても、うわべの言葉で終わっていて自分ゴトになっておらず、具体的な行動につながらなかったというのでは、「なんのためのアクションプランや行動計画（目標）か」ということになってしまいます。

たとえば、地球温暖化のような社会課題のテーマで「あなたには、何ができますか？」という問いの答えに「寄付をします」や「ボランティアをします」といった、画一的でまったく自分ゴトとならない（つまり他人ゴトな）答えばかりがそろってしまう現場というのは、多く存在しています。

どのようにしたら自分ゴトとして取り組みに向かわせることができるでしょうか？

ここでは、問いを機能させるという観点で整理していきましょう。

そもそも扱っているテーマや、最後のアウトプットが自分ゴトとならないのには、いくつかの原因があります。

まず、そもそも参加者がテーマ自体に興味や関心を持てないという場合です。人は自分に関係があると感じられる情報に、強く反応します。これを「カクテルパーティ効果」と呼びます。カクテルパーティのように非常にうるさい状況でも、自分の名前を呼ばれると、不思議に耳に入るという現象のことですね。

逆に考えると、自分に関係があると思えない情報はスルーしてしまうということになります。これでは、ＩＣＥアプローチでいえば、Ideas（考え）以前の問題です。

また、テーマの内容が、自分の身近なことや、これまでの知識や経験とうまく結びつかず、単なる言葉の羅列（と暗記）になってしまうということがあります。

実は、この段階で自分に引き寄せて考えることができていなくても、従来型のテストでは点数が取れてしまいます。むしろ、〝それが優等生〟という思い込みがまだまだあるように思えます。だからこそ、ＩＣＥアプローチのConnections（つながり）が大切になるのです。

そして、アクションプランなどの立案段階では、自分が主体で動くということがイメージできていないということがあります。

ここでは、課題解決の取り組みの主体が、社会なのか、組織なのか、自分なのか、はっきりしない回答であったり、「それ、本当にやるんですか？」と疑いたくなってしまうようなうわべの回答であったりする場合が、それに当たります。これは、ＩＣＥアプローチのExtensions（応用）の領域での問題といえます。

それでは、テーマへの興味や関心を持たせるためにはどうしたらよいでしょうか？まずは、テーマを自分に関係があると思ってもらうことが大切です。ですから、自分が経験している（きた）、しかもちょっとイヤなことの領域が出てくる問いがあるとよいでしょう。

この「これからお話しするテーマは、あなたが必要としているものですよ」ということをうまくメッセージしているものに、テレビやネットでの健康番組のオープニングがあります。たいてい「最近、〇〇だと感じることが多くありませんか？」あたりから始まるアレです。

たとえば「2階程度でもエレベーターを使いたいと思うようになった」とか「新聞の文字が見えにくくなった」といった導入です。それを視聴している人が「あるある」と思ったら、テーマに対して〝自分に関係がある〟と感じさせることに成功しています。

また、「〇〇について、うまくいかなかったときに、どんな気持ちになりましたか？」と直接聞いてしまうのも手かもしれません。テーマが地球温暖化なら、「今年の一番暑かった日、あなたは何をしていましたか？」という問いから入るパターンもありそうです。

このように、導入として分割された問いを使うことで、テーマへの興味や関心を持たせることができます。

？ 自分ゴトとして取り組みに向かわせる問い②——テーマの内容を、自分の身近なことやこれまでの知識や経験と結びつける

これはワークショップの中で、新しい情報が提示されたあとで「自分の身近なことや、これまでの知識や経験と照らし合わせるとどうなのか？」を問うものとなります。

つまり、ＩＣＥモデルのConnections（つながり）の領域です。

理科系の科目なら、実験をともなうものは最もパワフルです。

たとえば、炎色反応を学習したあとに、さまざまな金属の炎の色を問うなどです。

身近どころか、今、まさに目の前で起こっていることですから、印象も強く残るでしょう。

一方、歴史や古典など、すべて過去のことを扱うものだったらどうでしょうか？

こんなときでも、「あなたが○○（歴史上の人物の名前）だったら、どんな判断をしますか？

また、それはなぜですか？」という問いでディスカッションさせてもよさそうです。

歴史や古典での情況を一般化して「○○は本当はこれをやってもよい結果は生まな

いとわかっているのに、ほかの人への遠慮から自分の意に反する決定をしました。これと同じような、あなたの経験にはどんなものがありますか？」という引き寄せ方をしてもよいでしょう。

ＰＢＬや修学旅行など、課外での学習活動が可能なものなら、事前学習をして得たIdeas（考え）に対して、フィールドワークでそれを検証したり、より具体的な情況を得たりするのもよいでしょう。

たとえば、現在は「地方の過疎化」が叫ばれていますが、そこへのフィールドワークをするなら、どうでしょうか。「シャッター商店街では、どんなお店が、どのくらい閉まっているのか？」という問いを立てて調査をしてもよいですし、「商店街のお店が廃業になってしまったことで、地域の人が困っていることは何か？」というテーマで、インタビューやアンケートを実施するというのもよいでしょう。これらも、理科系の科目の実験同様、まさに自分が今体験していることですから、より効果的です。

さらに、このような課外の学習活動をうながす問いは、自分で考えさせるというパターンもあるかもしれません。

この場合でも、多くの問いを出させてから、その中で重要度の高い問いを選び出すといったステップをうまく踏めるよう、ファシリテーションしていくとよいですね。

SDGsのように「誰も取り残さない世界の実現」といった、極めてテーマが大きいものであったらどうでしょう？　貧困問題、安全な水へのアクセス、さまざまな不平等など、世界規模で取り残されている人々についての学習は、それ自体が〝世界で起きていることを知る〟という点で非常に重要です。

しかし、そのままその課題解決に思考を進めても、結局なんだか絵空事のように感じるだけで終わりかもしれません。

もし、次の授業までの1週間という時間が取れるなら、「世界で取り残されている人々に関して、まさに今何が起きているだろうか？」という問いを提示して、この1週間の出来事を扱ったニュースを集めてくるというのも1つの方策です。

また、領域を絞っていくというアプローチもあります。「この日本で、取り残されている人は誰だろうか？」と、領域を狭くして思考を進めるのもよいでしょう。もちろん「この組織で」とか「この学校で」とか「このクラスで」と、情況に応じて適切な領域を設定することができることはいうまでもありません。

課題解決型のワークショップなどで、自分ゴトとしての取り組みが最終的に生まれないという場面では、このように、テーマの内容を自分の身近なことや、これまでの知識や経験と結びつけるという思考や活動が機能していなかったり、まったく考慮されていなかったりするケースが多く見受けられます。

情報（課題）が出揃ったら、すぐに取り組みを考えさせるのではなく、もうワンステップ、分割された問いを挟んでみてはいかがでしょうか？

？自分ゴトとして取り組みに向かわせる問い③
――「自分が主体で動く」ということをイメージさせる

ここでは、アクションプランなどの立案段階で、たとえば、課題解決の取り組みの主体が社会なのか、組織なのか、自分なのかはっきりしない回答であったり、「それ、本当にやるんですか？」と疑いたくなってしまうようなうわべの回答であったりする、「自分が主体で動く」ということがイメージできていない場合について考えていきます。

これは、ＩＣＥアプローチのExtensions（応用）の領域での問題といえます。具体的にはどんな場面が考えられるのでしょうか。

たとえば、地球温暖化についての学習を一通り終えたあとに、「温暖化防止のために、できることはなんでしょうか？」というディスカッションのテーマの問いが投げかけられたとします。

ここで、「じゃあ、北極に行ってシロクマを守ります！」というお調子者の発言が出てしまい、場を混乱させるというリスクは、どこの学校でもありそうです。では「がんばります」「地球に優しくします」「日本の政府がもう少し考えないといけない」ではいかがでしょうか。

「がんばります」は、何をがんばるのかまったく見えてきませんし、「地球に優しくする」も同様に具体性がありません。「日本の政府がもう少し考えないといけない」という発言は、他者批判であり自分のアクションではありません（「政府を批判しつづける！」という意気込みなのかもしれませんが）。

また、たとえば「建物の中のフロア移動では、なるべく階段を使うようにする」というような個人視点の行動を考える人が出てくることもあるでしょうし、中には「火力発電所ではなくクリーンエネルギーに移行する」というような、政府などの組織視点の行動を考える人も出てくるかもしれません。

なぜ、このようなことが起こってしまうのでしょうか？

その大きな原因の1つは、明示されていない情報や文脈を「きっと参加者は読み取ってくれるだろう」と、問いの設計者が期待してしまうことです。

この例でいえば「今までの授業の流れを考えれば、〝自分は地球温暖化防止に向けて何ができるか〟について話し合ってくれるだろう」という期待です。しかし、今までの授業や会議の〝流れ〟からして〝自分は何ができるか〟について話し合うことがあったとしても、その期待をすべての参加者が汲み取るとは限りません。

もちろん、ファシリテーターとしてディスカッションの様子をしっかりと観察し、「今は自分ができる行動を考える時間です」などと、介入することはできます。

でも冒頭に「どんな意見も自由です。自分なりのアイデアを考えましょう」というような、グランドルールを提示していたらどうでしょうか？　政府など組織視点で考えてアイデアを出した人は「ああ結局、自由な意見は歓迎されないのか」と前向きな気持ちを失ってしまうでしょう。

このとき、そのような場を作ってしまったのは、「どんな意見も自由です。自分なりのアイデアを考えましょう」というグランドルールがあり、「地球温暖化防止のために、何ができるでしょうか？」という明示されない期待が含まれた問いがあり、「今は自分ができる行動を考える時間です」というファシリテーターの介入があるという〝3連コンボ〟ということになります。それぞれは、それほど問題がなさそうに思えることでも、情況によっては、最悪の流れを生んでしまうのです。

それでは、この場合、何を明示すればよいでしょうか？

すぐに思いつくのは、この問いを修飾して主語や主体を明示することです。「地球温暖化防止のために、あなたが、できることはなんでしょうか？」のようにです。〝自分は何ができるか〟という個人視点での行動を考えてほしいという〝狙い〟があった場合は、ディスカッションの問いに「あなたは」という主語や主体を明示することで、「個人視点の行動を考える」という思考の方向性を、参加者に提示することができます。「自由な発言を」と言っておきながら、あとから参加者の発言を否定するような介入をするぐらいなら、最初から問いの中に主体や主語を明示して、思考の領域を提示するほうが、参加者にとっての安心・安全な場づくりにも貢献ができますね。

さらに、自分が主体で動いたときの影響範囲を提示して答えやすくする、という方策もあります。

「地球温暖化防止のために、あなたが、明日からできることはなんでしょうか？」
「地球温暖化防止のために、あなたが、1年間継続してできることはなんでしょうか？」

ここでは、時間軸を明示しました。「明日から」というアクションをするタイミングの明示により「本当に実行できることを考えてほしい」というような、思考の方向性を伝えることが可能になります。また次の問いは「1年間」という期間を明示しています。アクションの継続性、インパクトについても考えてほしい場合は、このように「1年間継続」という時間軸を加えることで、意図が伝わります。

「地球温暖化防止のために、あなたが、業務を通じてできることはなんでしょうか？」
「地球温暖化防止のために、あなたが、日常の中でできることはなんでしょうか？」

今度は、アクションの情況に関して思考の領域を提示してみました。「仕事の中で」「日常の中で」という身近な情況を提示することで、答えを考えやすくなり、また、そのまま行動に移せる内容が出てくる可能性が高まります。

もちろん、主体や主語を明示したり、問いをさまざまに修飾したりすることで意見の多様性が失われるリスクもあります。そのメリット、デメリットを理解したうえで、どのような問いを投げるのか、さまざまな修飾を問いに加えたりするかどうかを判断するとよいでしょう。

2軸のマトリクスで分割された問いをつくり出す

全体の問いを「あなたは、温暖化防止に向けて何ができますか？」と設定したとします。

最後にこの全体の問いに答えるために、それ以前にどのような問いがあればいいのでしょうか？　この全体の問いは、日常的な日々の生活からは遠く感じられてしまう、地球規模の課題を扱っています。ここは、導入や足場かけとなる問いを考えていきましょう。

たとえば、「今日の夜ご飯、何食べたい？」という問いに答えられない相手に、何度も「だから何が食べたいの？」と聞いても「別に……」と言われてしまうかもしれませんね。

このとき、何かに気づいたり、どのように思考が整理されたら、相手は答えられるのでしょうか？

たとえば、「今日のお昼は何食べたの？」「お昼と同じのは嫌かな？」「すぐ食べたい？時間がかかってもよい？」「ご飯がよい？　麺類がよい？」など、具体的な問いを重ねていってはどうでしょう。

今の気持ちや自分の情況が整理されて「今私が食べたいもの」を答えられる確率が上がります。

「あなたは、温暖化防止に向けて何ができますか？」という問いも、同じです。

この問いに答えられるためには、何を整理したり、確認したりする必要があるでしょょうか？

「温暖化という言葉を聞いたことがありますか？」という問いもよい導入になります。温暖化の基礎知識を参加者が持っているかどうかも把握できていないのであれば、最初に情況を確認するクローズド・クエスチョンから入る必要があるでしょう。

試しに、思いつくままに付箋などを使って、多くの分割された問いを書き出してみます。

・温暖化の影響で何が起きていると思いますか？
・どのくらい温暖化が進むと思いますか？
・本当に温暖化は問題ですか？

もう少し問いを増やしてみましょう。簡単に問いを増やす方法は、1人称の問いで練習したオープン－クローズの変換をすることです。

まずは、書き出した問いがオープンなのか、クローズなのかを分類します。オープンには○、クローズには△をつけてから、それぞれを変換してください。

・ゲリラ豪雨にあったことはありますか？
・温暖化によって50年後は平均気温が5℃以上、上がると思いますか？
・温暖化はなぜ問題なのですか？

手探りで問いをつくりつづけるのは、自分の問う力のクセで、偏った領域に制限される可能性があります。

そこで、これらの問いを「個人――世界・社会」と、「過去――未来」という2つの軸のマトリクスに配置してみます。

このように問いを見える化すると、手薄な領域が明らかになります。

たとえば、ここでは左上の「世界・社会×過去」の問いが1つもないことがわかります。そこに問いを加えてみましょう。

・温暖化はいつ始まったのですか？
・温暖化の原因は、変化してきているのでしょうか？

2軸のマトリクスの例

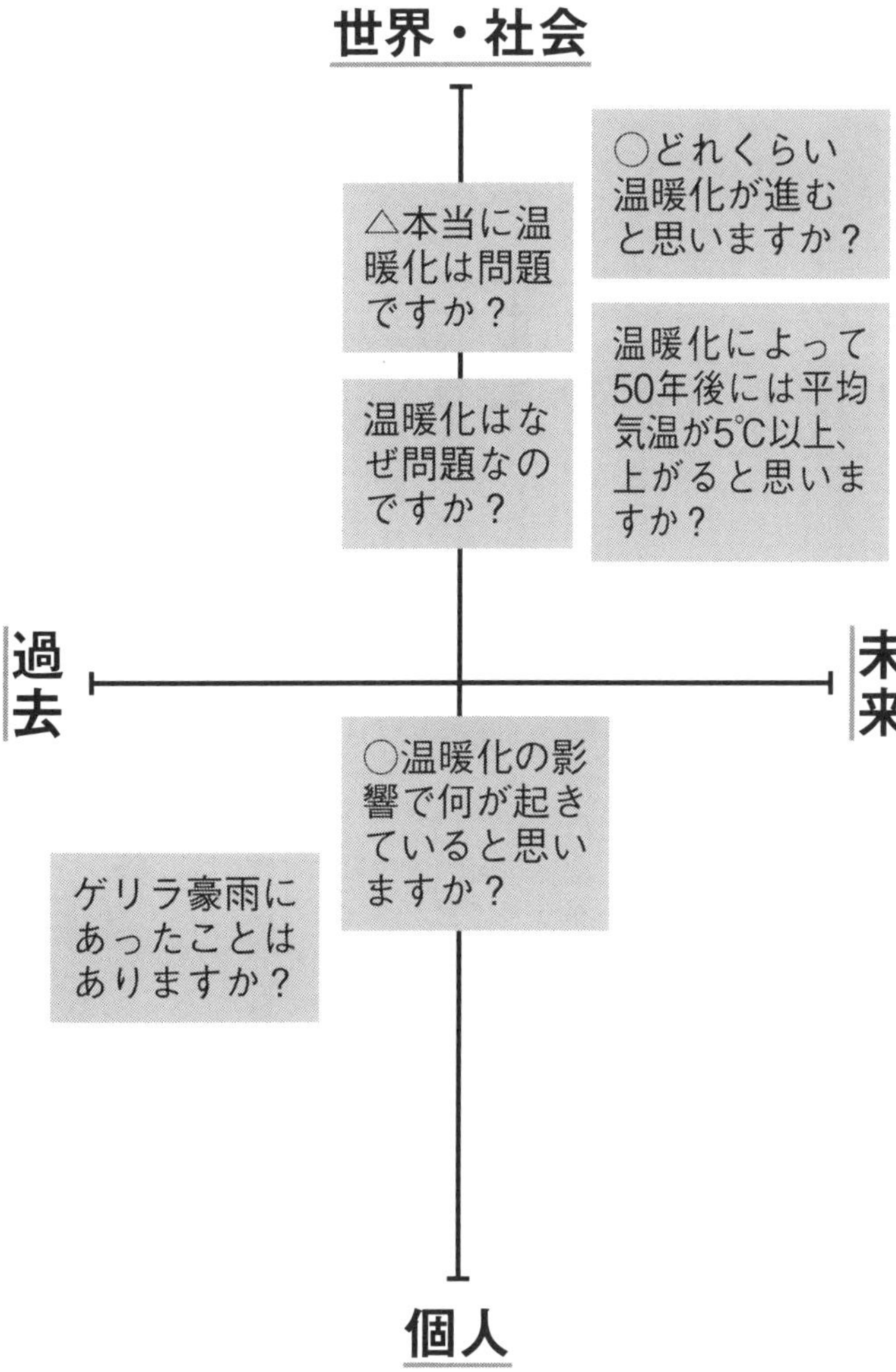
世界・社会
○どれくらい温暖化が進むと思いますか？
△本当に温暖化は問題ですか？
温暖化によって50年後には平均気温が5℃以上、上がると思いますか？
温暖化はなぜ問題なのですか？
過去
未来
○温暖化の影響で何が起きていると思いますか？
ゲリラ豪雨にあったことはありますか？
個人

また、右下の「個人×未来」にも問いを加えてみます。

・あなたは、平均気温が5℃以上、上がってしまった世界で、どんな暮らしをしているでしょうか？
・あなたが温暖化防止のために10年間続けられることには、何がありそうですか？

こうしてマトリクス上に配置された問いを見ながら、足場かけの問いを選びます。そしてメインとなる、少し非日常を含んだ世界規模の問いを選んでください。最後に日常に戻っていく問いを選びましょう。

さまざまなことを参加者に調べさせたり、講議などによる情報提供とも組み合わせたりできるなら、科学的なデータに基づいて、過去や未来のことを考えることができるような問いも有効でしょう。

最初から2軸のマトリクスを設定して、問いづくりを進めなかったのには訳があります。最初からマトリクスがあったら、結局のところ、その範囲の中でしか問いをつくり出せないからです。

1　思いつきで問いをつくる
2　オープンークローズの変換で、問いの数を倍にする
3　マトリクスに配置する
4　マトリクス上で欠けている領域の問いを加える
5　（参加者とゴールイメージを考慮して）ほどよく日常と非日常を行き来できる問いを選ぶ

このような順で問いづくりを進めていくことで、自分が今持っている問う力を、さらに拡張することを狙っているのです。

そのモヤモヤはどんなモヤモヤですか？

ワークショップのファシリテーターの「モヤモヤしてもらいたい」「そのモヤモヤ

を大切に持ち帰ってほしい」というような言葉を、聞いたことはありませんか？　ここでいうモヤモヤとは、いったい何を指しているのでしょう？

「緊張構造（Structual Tension）」というモデルをつくったロバート・フリッツは、「目指す成果と現状を認識し、そのギャップに気づいたとき緊張が生まれ、それを解消しようとする行動への動機が生まれる」と言っています。

日常生活の中では、目指す成果と現状を、それほど認識せずに生きています。なんとなく、目指す成果と現状の間に、ギャップがあると感じていても、あまり深く考えないようにしている場合があります。

なぜなら、先ほどのモデルでいうなら、ギャップに気がついたら解消したくなってしまい、その先には面倒かもしれない行動や判断が待っているからです。そのギャップを解消することは、自分の手には負えないほど難しいかもしれないし、とても時間がかかるかもしれないと思ったら、見なかったことにしたいのが人情です。

たとえば、「夏休みが終わるまであと5日、まだ終わっていない宿題はどのくらいあるのか？」という情況ではどうでしょうか。何が終わっていないのか早く明らかにしたほうがいいのはわかっているけれど、あまり明確にしたくないという気持ちになりませんか？

目指す成果が明確になることで、「大変なことになりそうな予感がする、それはちょっと怖いな……」という感情がわくでしょう。でも、そこを明確にして、何か行動をしたほうがいいのだろうなともわかってはいるのです！


「……ああ、どうしよう！」


この葛藤こそ、モヤモヤの正体です。

ワークショップの参加者1人ひとりが、目指す成果と現状を把握することへの葛藤で、モヤモヤしているとしましょう。ワークショップが始まる前の、何も知らなかった、認識していなかった状態から一歩進んだといえますね。

そこから、さらにもう一歩踏み込んで、ギャップと向き合い、それを解消するための行動を起こさせるところまで持っていけたなら、さらに望ましい到達点と言えるでしょう。

しかし、ときとして参加者は「何を問われているかわからない」「何を考えていいのかわからない」状態で、思考が停止してしまっている場合があるのです。

この情況を観察していたファシリテーターが「今日の参加者はいい感じにモヤモヤしているな」とポジティブに認識してしまったら、適切な介入もできません。

そのまま時間が終わり、ファシリテーターが「そのモヤモヤを大切に持ち帰ってほしい」というメッセージを発信したなら、参加者はいったい何を持ち帰るのでしょうか？　これでは、参加者に問いを丸投げしているようなものです。

参加者が答えられなかったという不満や自己嫌悪を持ち帰ることになるかもしれません。そのあと、問いやワークショップに対する苦手意識を持ってしまう可能性もありますね。

もちろん、問いの狙いが〝自分がどの程度あいまいな問いに答えられるかを自覚する〟ことで、そのための「答えられない問い」「答えにくい問い」「答える気持ちがなくなる問い」だったら、その問いは機能しているといえます。

しかし、たいていの場合、ファシリテーターが本当に持ち帰ってほしいのは、なんらかの〝葛藤状態〟なのではないでしょうか？

このようなボタンのかけ違いを生まないためにも、〝問いが機能しているのか〟を注意深く観察することが大切なのです。

コースをデザインする

ここまで、ワークショップを構成する問いを考えてきました。これらを本番で使う前に、もう一度、事前に検証する必要があります。

ここでは、ワークショップを2クラス同時に実施することになったため、井澤と本書の監修者である吉岡が、事前の打ち合わせを行なっている様子をダイジェストでお伝えします。井澤が考えたワークショップを構成する問いを、吉岡とともに検証してブラッシュアップしていく様子です。

井澤　吉岡さんにお願いしたいのは、ＳＤＧｓのカードゲームが終わったあと、午後の部でリーダーシップについて考えてもらうところのファシリテーションです。

吉岡　リーダーシップ？　ちょっと珍しいね。

井澤　今回は、ロータリークラブからのご依頼なんで、高校生と地元の社長さんが一堂に会するんです。

吉岡　社長さんっていうと……、やっぱり製造業の人が多いのかな？[*1]

井澤　工場を持っている方もけっこういると思います。あと有力ディーラーさんとか、地元のチェーン店を展開しているオーナーさんとか。

吉岡　なるほどね。

井澤　で、そういう人たちも一緒に考えてほしいというのもあって、特に「変革期のリーダーシップ」にフォーカスを当てたいそうです。[*2]

吉岡　じゃあ、ちょっと今までと違うリーダーシップ像を、大人にも気づいてもらうというような？[*3]

井澤　そうです。なので、今回のゴールとなる問いは「誰ひとり取り残さない変革を実現するリーダーとは、どんな人ですか？」です。

＊1　参加者の具体的な人物像について確認する質問です。

＊2　今回のワークショップの目的です。

＊3　その目的の背景にある意図を確認する質問です。

吉岡　（スライドを見る）ああ、だから、最初は「そもそもリーダーとは、どんな立場で何をする人ですか？」なのね。これは、ちょっとオールドスタイルというか、社長さんが主にしゃべっちゃう感じかな。[*4]

井澤　いや、高校生も話せると思いますよ。というか、話せるように例示をおまかせしますね。[*5] クラブの部長とか、学級委員長とか、場合によっては先生とか。

吉岡　うーん、ただ、のちのち考えると、「まだ役職が決まっていない人も潜在的なリーダーだよね」みたいなほうがいいと思う。[*6]

井澤　そうですね。

吉岡　たとえば、校内の合唱コンクールで「ほら、ちゃんと練習して！」とか言う生徒みたいな存在もリーダーシップを発揮している感じだよね。そういうケースは今もあるのかな？[*7]

井澤　（ネットで調べて）大丈夫です。ほら、これ、去年の記事だし。

吉岡　じゃ、それも例示として採用で。

井澤　次に、その「オールドスタイル」……とは、このときにはま

＊4　参加者がどのような反応をしそうか、確認する質問です。

＊5　社長さんだけでなく、高校生にも話してほしいと考えていて、そのためには例示があればできると判断しています。

＊6　「変革を実現するリーダー」は、特に役職がある人に限らないのではないかと「変革を実現するリーダー」の例示の範囲が狭いのではないかという指摘です。

＊7　吉岡のイメージした「役職者ではないリーダー像」が今の高校生に通じるかどうか、確認する質問です。

だ言わないのですが、リーダーシップの特徴を出してもらいます。まずは「そのうち、〝こんなリーダーはイヤだ〟という人にはどんな特徴がありますか？」で、付箋にそれぞれ書いてもらいます。

吉岡　どういう意見が出るかな？[*8]

井澤　「上から目線」とか「自分は何にもしないで命令だけする」とかですかね。

吉岡　うん、高校生でも書けそうだよね。[*9]

井澤　そのまま共有をしないで「逆に、〝これが理想のリーダーだ〟という人にはどんな特徴がありますか？」という質問をします。これも付箋で。２つ書き出してもらってから、グループで対比した表に整理してもらいます。

吉岡　なるほどね。付箋に書き出しておけば、社長さんが持論をとうとうと述べるというパターンにはならないということだね。

井澤　そうなんです。それで、ここからＳＤＧｓにつなげます。「変革＝「Transform」のキーワードは午前中に伝えておくので、一応リ

＊8　ワークの指示に対して、参加者がどのような答えをしそうか、質問しています。

＊9　高校生が答えられない問いを投げてしまうと、社長ばかりが話してしまって対話が促進されないため、高校生が答えられるかを判断しました。

マインド程度で。

吉岡　わかった。この次の問いは何？「ところで、もしあなたがアイドルの追っかけだったとしましょう。アイドルの追っかけは何にお金を使うと思いますか？」って……とりあえず「ところで」と言えば、なんとかなると思ってるでしょ？

井澤　吉岡さんはこのネタが得意かなと思いまして。

吉岡　微妙に前回と違う。前回は、友だちが追っかけで、「その友だちに、どうアドバイスしますか？」だったよね。

井澤　いや、高校生くらいだと、リアルでアイドルオタがいるらしくて、そうすると、「本当に好きなことをやめろなんて言えない」みたいな変な共感が出ちゃうんで、方向性を変えました。[*10]

吉岡　続けて。

井澤　基本的には前回と言いたい流れは同じなんです。「途中でおこづかいが尽きたら、親に借金とかしちゃう」というのを示唆[*11]してから、「実は、人類は、今、借金生活なんです」につなげる。

*10　別の現場で使った問いが思うように機能しなかったので、微調整をしました。

*11　身近でイメージしやすい問いの答えが、エコロジカル・フットプリントの例示になるということです。

吉岡 だから、エコロジカル・フットプリントのスライドなのね。それにしても無理やりだな。

井澤 リーダーシップの特徴のワークがちょっと重めになりそうなので、今度は高校生寄りにしてみました。[*12] このあとは、普通にプレゼンテーションをして、「今、変革しないと、持続可能にならないよ」というメッセージにしてください。

吉岡 了解。

井澤 ただし、これだけだと、なんだか脅迫みたいになってしまう[*13]ので、「今、世の中は変わっていく兆しが見えてるよね」という感じにしたいんです。なので、このプラスチックストローが使われているアイスコーヒーのスライドを見せて「これは、一昔前の写真です。今は、どう変わっているでしょう？」とオープンに投げかけてほしいんです。

吉岡 大丈夫？ 今どきの高校生はコーヒーとか飲む？[*14]

井澤 コーヒーは高校生デビューの必須アイテムだから大丈夫です。

*12 社長と高校生という、異なる知識・経験の参加者のどちらにも発言しやすいように設計をしています。

*13 考えて対話することで自分ゴトとして受け止めてもらうために、正解を押しつけるようなプレゼンテーションはなるべく避けたいところです。

*14 高校生にとってアイスコーヒーのストローは身近かどうか考えているようです。

そして、次につなげてほしいんですけど、次は、視点を4つにします。「個人の変化の気配や兆し」「社会の変化の気配や兆し」「技術的変化の気配や兆し」「経済の変化の気配や兆し」のそれぞれで「どんな兆しを感じますか？」という問いになります。

吉岡　突然、難易度が上がるなあ。これ、やったことあるの？[*15]

井澤　いえ。吉岡さん、こういうの得意かなと思いまして。一応、FSC認証紙ストローで、例示をバッチリしてください。[*16]

吉岡　なるほどね、個人も「なんかプラスチックストロー使いたくないなあ」という気分になってきているけれど、それは、社会的に「マイクロプラスチックが問題だ」と報道されるようになってきたからだし、とはいえ「紙ストローの耐久性向上」などの技術的変化があっての現実な解決策だし、全部がそろって、経済活動としての「大手コーヒーチェーンの紙ストロー全面切り替え」につながってくるという感じかな。

井澤　それです。

＊15　「身近な例から、急に抽象度の高い問いになって機能するのか？」と吉岡は感じたようです。
＊16　抽象度の高い問いも、前のストローと関連する例示を挙げれば機能すると考えました。

吉岡 それですって、スライド作ってるとき、そこまで考えてたの？

井澤 もちろんです。

吉岡 あと、何が出せそうなんだろう？[*17]

井澤 プラスチック関係だと、レジ袋の有料化とか、社長さんからは、欧州でガソリン車撤廃とか出るといいなあ。

吉岡 まあ、何か出るか。

井澤 そこはおまかせします。この「変化の兆し」を受けて、最後の「誰ひとり取り残さない変革を実現するリーダーとは、どんな人ですか？」になります。

吉岡 これは？ 初めの話との対比にするんだよね？[*18]

井澤 どうしようかな。初めの話を見ながら追記でもいいですし、変革を実現するリーダーの特徴を挙げてもらってから、違いを確認してもらってもいいです。おまかせします。

吉岡 了解。ストーリーはつかめた。いい場になりそうだね。

井澤 よろしくお願いします。

＊17 問いを機能させるために、ストローだけでは例示が足りないかもしれないので、ほかにも使える例示がないか考えています。

＊18 知識がない状態でイメージしたリーダー像と、ワークショップでの情報提供や対話によってイメージされたリーダー像を対比することで、参加者もワークショップの目的が達成した実感を得られると考えているようです。

？実施後の振り返り

ワークショップが無事に終了しました。でもファシリテーターの仕事はこれで終わりではありません。

2クラス同時に実施したため、お互いの様子はわかっていません。同じ問いでも、参加者が異なれば違う反応が返ってくるかもしれません。1つ1つの問いや例示が狙い通りに機能したかだけでなく、ワークショップ全体が狙っているところに着地できたのかも、振り返っていきます。

このような振り返りで、ワークショップはさらにブラッシュアップされていきます。

吉岡　お疲れ。そっちの部屋どうだった？

井澤　いや、いろいろ。吉岡さんは？

吉岡　社長さんも乗ってくれたから、なかなかいいデザインだったと思う。

井澤　そうですか……。こっちは大荒れでしたよ。

吉岡　何があったの？

井澤　最初の「リーダーとは」のところで合唱コンクールの例示を考えたじゃないですか？　あれが「マジメか！」となってしまいザワザワとしました。*1　社長さんたちが、「まだ校内の合唱コンクールなんてあるんだ」なんて言いはじめてくれたので、*2「今日は、そんな〝昔とはちょっと違う〟リーダー像を考えます」と伝えて、うまくまとめましたけど。

吉岡　いかにも狙ってました風にだね。

井澤　そうです。

吉岡　あっ、例のアイドルネタだけど、こっちは、社長さんたちが「ブロマイド」とか「カメラ」とか言い出して、高校生がキョトンとしてしまって。*3

井澤　今どき「生写真」とか言いませんからね。

吉岡　「とにかくお金がかかる」というのはイメージができたみたいだから、そのまま進めたけど。

*1　よくあるリーダー像の例示として使った「ほら、ちゃんと練習して！」が、参加者の高校生には、役職がある訳ではないけれどもリーダーシップを発揮している状態として、狙い通りに伝わりませんでした。そのため、介入が必要だと判断しました。

*2　社長さんたちの発言で話題がズレたタイミングをとらえ、例示の説明の生徒を古いリーダー像としてしまうことで、テーマ（変革期のリーダーシップ）につなげる介入を行ないました。

*3　アイドルオタクの例示が、社長さんたちと高校生では違うものをイメージしたようです。しかし、結果的に「お金がかかる」というイメージは共通していたので、「例示が機能した」と判断し、そのまま介入せずに進めることにしました。

井澤　一応、機能したということですね。それで、「次の4つの視点」はどうでした？　これがやっぱり難しすぎたみたいで、こっちは場が止まっちゃったんですよ。[*4]

吉岡　いや、こっちは最初のプラスチックストローでピンときた子が多くて、そういう子を中心にうまく回ってたよ。社長さんからも「なるほどねえ」とか言われながら。それで、どう介入したの？

井澤　ほら、打ち合わせのときに吉岡さんが言ってた、ストローの例での、個人の気分、社会的な報道、技術革新の話、経済の話という順番に説明したんですよ。そうしたら、「ああ、そういうことね」という感じになりました。いやあ、事前の打ち合わせは大事ですね。

吉岡　それは、最終的にはいい話風にまとめたけれど、最初にこっちがプレゼンをきちんとするというデザインだったらよかったんじゃないの？[*5]

井澤　そういうことですね。ほかに、デザイン上で何かやりにくいところはありました？

＊4　井澤のクラスでは、投げかけた問いに対して、参加者が何を考えていいのかわからない状態になってしまったため、説明を追加しました。

＊5　追加した内容が事前に打ち合わせ済みのものだったので、追加ではなく元々のプレゼンテーションに含めるべきだったという指摘です。

吉岡　うーん、やりにくい感じはなかったんだけど、「変化の兆しに対応した、変革期のリーダー」と最初のちょっと前までの「リーダー像」との違いは少し出にくかったかな。[*6]

井澤　そうですか……。逆にこっちは序盤で「昭和のリーダー」的発言が社長さんからガンガン出てたので、対比という点では、意図通りのところに落ち着きました。

吉岡　だから、ラストに「最初のリーダー像と比べて、何がプラスされて求められるようになってきていると感じますか？」という問いを加えたよ。[*7] 時間にも余裕あったから。

井澤　フォローありがとうございます。それで、どういう意見が出ました？

吉岡　「目標のその先を見る」「全員で目指すところに向かう、あるいは向かわせる」「情報を外部と共有する」「壁を超えてほかのリーダーとつながる」とか。よく考えると、最後のは今風だなあ。

井澤　きれいに出ましたね。じゃ、それを次のデザインに入れるこ

＊6　吉岡のクラスではリーダー像の違いが、なかなか出なかったようです。井澤のクラスでは昭和のリーダー像が社長さんたちから出ていたので、対比できていました。

＊7　新しいリーダー像との違いを明確にするために、吉岡は問いを追加しました。

とにします。[*8]

吉岡　あとは、例示のいくつかは、スライドに最初から入れておくといいよね。イラストとかでイメージが伝わるようにして。それと「4つの視点」はスライドにアニメーション効果をつけて構造的に理解できるようにしておくと、[*9]スムーズに進むと思う。

井澤　なるほど。

吉岡　全体としては、とてもいいプログラムだと思うから、誰でも回せるようにしておくと[*10]いいよね。

井澤　ありがとうございます。そうですね。

*8　また同じ内容のワークショップを行なうときのために、吉岡が追加した問いを、プログラムに採用することにしました。

*9　そのほかにも、参加者がつまずきそうな部分に対して、プログラムの改善案が出ました。

*10　参加者のレベル感がさまざまであっても取り残されてしまわないような、情報のインプットやわかりやすい例示を組み込んでおくことで、複数のファシリテーターが運用できるようなデザインへとブラッシュアップしました。

おわりに——問いを生きる時代

本書は、皆さん1人ひとりが自由自在に問いをつくれることを目指して、1人称／2人称／3人称というステップを通して、問いの機能と構造について、事例や練習を交えながらお伝えしてきました。

「まだ自由自在には……」とおっしゃる方もいるかもしれません。しかし、「問いが機能したのか？」という観点で振り返りを続けたり、難しいと感じた練習に再度取り組んだりすることで、着実に問う力を高めていくことができます。

機能する問いをつくる中で、あなたの問いを分析する力も養われています。自分がつくる問いに限らず、これまで受けてきた問い、これから体験する問いに対しても、問いの中で示されている思考の領域に気づき、俯瞰的に捉えることができるはずです。そうすれば、時系列などの軸を意識しながら、新しい自分の問いを生み出すこともできるでしょう。

19世紀に生まれたオーストリアの詩人リルケは、若者から届く「どうすればあなたみたいな詩人になれるのか？」という相談の手紙への返事として代表作『若き詩人への手紙　若き女性への手紙』を書きました。そこで「今すぐ答えを探さないで下さい。（中略）今はあなたは問いを生きて下さい」と答えています。

今、私たちは、コロナ禍において「ニューノーマル」という新たな生き方が求められるように、これまでの「当たり前」が、未来の「当たり前」になるとは言い切れない時代を生きています。大人でも老人でも、誰もが「若者」のように、かつてない体験をしたり、今までの価値観を再定義したりしながら、生き抜かなければなりません。

そのためには問うだけでなく、絶えず問いつづける力が、とても大きな武器になるのではないでしょうか？　この問う力を、皆さんが手に入れてくださることを願ってやみません。

最後に、これまでのワークショップに参加してくださった皆さん、問いづくりの書籍化をサポートしてくれた皆さん、吉岡さん、成田さん、吉野さんをはじめとした方々に、心からお礼を申し上げます。

私自身も、さらに問いづくりの力を高めていきたいと考えていますし、多くの方々にお伝えしていきたいと思っています。

２０２０年7月　井澤友郭

【本書の利用条件とワークシートのダウンロードについて】

本書を手に取ってくださった方の中には、メンバーや生徒さんたちといった自分ではない、誰かの「問う力」を高めるためのアイデアを求めている組織のリーダーや先生などもいらっしゃるかもしれません。

本書に掲載した練習用のワークシートはＰＤＦファイルでも準備しており、印刷して活用していただけるようになっています（最終ページ参照）。本書の所有者は自由に印刷やコピーをしていただけますし、また人数分の本をご購入いただければ、リーダーや先生方が印刷し、配布することも許諾いたします。

さらに、学校などで「学年単位で使いたい」などの場合は、著作権法35条の制限の範囲を超えてご利用できるような許諾条件を準備していますので、詳しくはダウンロードしたＰＤＦファイルの中の案内をご確認いただければ幸いです。

〈参考文献〉

- G.J.カエサル『ガリア戦記』(B.C.58~51)
- J. デューイ『How We Think』(Boston:D.C. Heath and Company、1910)
- 酒井正雄『世界の郵便ポスト　―196ヵ国の平和への懸け橋』(講談社エディトリアル、2015)
- D. ロスステイン、L.サンタナ『たった一つを変えるだけ: クラスも教師も自立する「質問づくり」』(新評論、2015)
- E.L.デシ、R.M.ライアン『Facilitating Optimal Motivation and Psychological Well-Being Across Life's Domains』Canadian Psychology Vol.49(2008)
- J.D.クランボルツ『The Happenstance Learning Theory』Journal of Career Assessment 17(2)(2009)
- R.バビノー、J.D.クランボルツ『一歩踏み出せば昨日と違う自分になれる！　:スタンフォードの前進の法則』(日本文芸社、2014)
- J.ルフト、H.インガム『The Johari window, a graphic model of interpersonal awareness』Proceedings of the Western Training Laboratory in Group Development(1955)
- R.B.ザイアンス『Attitudinal effects of mere exposure』Journal of Personality and Social Psychology 9 (2, Pt.2)(1968)
- 吉田繁夫、吉岡太郎『部下を育てるPDCA「面談」』(同文舘出版、2018)
- C.チャブリス、D.シモンズ『錯覚の科学』(文春文庫、2014)
- 和田信明、中田豊一『途上国の人々との話し方　――国際協力メタファシリテーションの手法』(みずのわ出版、2010)
- 中田豊一『対話型ファシリテーションの手ほどき』(ムラのミライ、2015)
- P.センゲ『フィールドブック　学習する組織「5つの能力」　―企業変革をチームで進める最強ツール』(日本経済新聞出版、2003)
- 丸岡吉人『ラダリング法のブランド戦略への適用』「消費者行動研究 Vol.4」(1996)
- R.B.スタンフィールド『The Art of Focused Conversation: 100 Ways to Access Group Wisdom in the Workplace』New Society Publishers(2000)
- パーソル総合研究所、中原淳『長時間労働に関する実態調査(第一回・第二回共通)』(2017-8)
- 山田ズーニー『伝わる・揺さぶる！　文章を書く』(PHP新書、2001)
- 堀 公俊『ファシリテーション入門』(日経文庫、2004)
- J.ラーマー『Project Based Learning (PBL) Starter Kit』(Buck Institute for Education、2009)
- B.S.ブルーム他『TAXONOMY OF EDUCATIONAL OBJECTIVES The Classification of Educational Goals』A Committee of College and University Examiners(1956)
- L.アンダーソン他『A Taxonomy for Learning, Teaching, and Assessing: A Revision of Bloom's Taxonomy of Educational Objectives, Abridged Edition』(Pearson、2013)
- S.ヤング『「主体的学び」につなげる評価と学習方法―カナダで実践されるICEモデル』(東信堂、2013)
- 石川一郎『2020年からの新しい学力』(SBクリエイティブ、2019)
- J.M.ハラツキェヴィチ他『The role of achievement goals in the development of interest: Reciprocal relations between achievement goals, interest, and performance』Journal of Educational Psychology 100(2008)
- J.M.ケラー『学習意欲をデザインする:ARCSモデルによるインストラクショナルデザイン』(北大路書房、2010
- D.ウッド、J.S.ブルーナー、G.ロス『The role of tutoring in problem solving』Journal of Child Psychology and Psychiatry, 17(1976)
- L.ヴィゴツキー『思考と言語　新訳版』(新読書社、2001)
- 中野民夫『ワークショップ　―新しい学びと創造の場』(岩波書店、2001)
- 安斎勇樹、塩瀬隆之『問いのデザイン:創造的対話のファシリテーション』(学芸出版社、2020)
- R.フリッツ『偉大な組織の最小抵抗経路 リーダーのための組織デザイン法則』(Evolving、2019)
- 香取一昭、大川恒『ワールド・カフェをやろう　新版　会話がつながり、世界がつながる』(日本経済新聞出版、2017)
- R.M.リルケ『若き詩人への手紙　若き女性への手紙』(新潮社、1953)

著者 **井澤友郭**（いざわ ともひろ）

こども国連環境会議推進協会 事務局長
アエルデザイン株式会社 代表取締役
SDGsなど地球規模課題をテーマにした教育プログラムを開発しているNGOの事務局長をしながら、企業研修やファシリテーター育成を行なう会社を経営。プロのファシリテーターとして年間200回以上登壇し、のべ3万人以上の社会人や学生を育成してきた。正解のない課題に対してLEGOを活用したデザイン思考型ワークショップに定評がある。クライアントはキリン、ソフトバンク、DNP、電通などの企業や自治体、教育委員会、学校など全国から依頼がある。
問いのつくり方講座　https://junec.gr.jp/facilitation-design/

監修者 **吉岡太郎**（よしおか たろう）

株式会社エイチ・アール・ディー研究所　主席研究員
BEYOND/C　ラーニングデザイナー・ファシリテーター
ウィルソン・ラーニング ワールドワイドにてパフォーマンスコンサルタント／インストラクターとして、さまざまな企業の人材開発に貢献し、現職に至る。最新の人材開発理論を現場での実践に結びつけるプロとして、人材育成のための企画、デザイン、実施、効果測定まで幅広く活躍している。近年、アクティブラーニングやPBLによって学びの可能性を拡張する共創インフラ、BEYOND/Cにも参画。問いを効果的に学びやビジネス成果につなげるラーニングデザインに定評がある。

「問う力」が
最強の思考ツールである

2020年8月23日　初版発行
2024年4月11日　２刷発行

著　者　井澤友郭

監修者　吉岡太郎

発行者　太田 宏

発行所　フォレスト出版株式会社
〒162-0824　東京都新宿区揚場町2-18　白宝ビル7F
電話　03-5229-5750（営業）　03-5229-5757（編集）
URL　http://www.forestpub.co.jp
印刷・製本　中央精版印刷株式会社

ISBN978-4-86680-088-2　Printed in Japan

「機能する問い」をつくる力がどんどん身につく！

特別データ
無料プレゼント

著者・井澤友郭さんより

本書を使いこなして、問いの達人になるためのツールと本書を読むうえでの理解の助けとなる資料など、３つのPDFファイルを読者の皆さまにご提供します。ぜひともご活用ください。

01.「問いづくりのワークシート」(PDF)

本文中で紹介した問いの練習に使ったワークシートです。プリントして問いづくりの練習にご利用いただくことができます。

02.「シチュエーション別 問いのチェックシート」(PDF)

シチュエーションごとに読者の皆さまがつくった問いについて、「その問いが機能するか？」を確認できるチェックシートです。

03.「逆引きインデックス」(PDF)

本文中の専門用語や人名を逆引きできるインデックスです。本書を便利に読み進められます。

特別プレゼントはこちらから無料ダウンロードできます↓

http://frstp.jp/touchikara

※特別プレゼントはWeb上で公開するものであり、小冊子・DVDなどをお送りするものではありません。

※上記無料プレゼントのご提供は予告なく終了となる場合がございます。あらかじめご了承ください。